PROGRAMACIÓN SCRATCH

Tutorial Profundo Sobre Programación Scratch Para Principiantes

MIKE MORRIS

Tabla de Contenidos

Introducción

Scratch es un lenguaje de programación que es utilizado para personas de todas las edades. Proporciona un ambiente entretenido y rico en el que podrás aprender a través de diferentes proyectos interactivos. Mediante el uso de Scratch una persona puede aprender fácilmente cómo hacer contenido rico en medios como juegos, animaciones, informes, etc. Scratch está diseñado para permitirle acceder a opciones que no podría utilizar si no fuera un programador profesional. Este lenguaje de programación fácil de usar tiene una amplia gama de herramientas (especialmente multimedia), por lo que puede hacer muchas aplicaciones diferentes. Y lo mejor es que con Scratch es mucho más fácil ya que es más fácil de usar. Podemos decir que Scratch es un refuerzo para desarrollar sus habilidades de resolución de problemas también, y no sólo para la programación, sino para muchos otros aspectos de la vida.

El entorno de Scratch tiene la ventaja de la retroalimentación rápida por lo que es muy fácil comprobar si su solución es correcta. Esta forma de trabajar le permite probar diferentes rutas y mejora su lógica durante las cosas. Dado que este lenguaje de programación es muy visual y su estructura se basa en tener una gran cantidad de contenido multimedia, no es difícil rastrear el flujo de su proyecto. La idea principal de Scratch es hacer que la informática y sus ideas sean accesibles para un mayor número de personas.

Scratch está hecho para motivarte a superar el descubrimiento y la exploración. Requiere imaginación y creatividad, lo que lo hace accesible, incluso para aquellos que son principiantes absolutos. Hay un montón de guías y libros que pueden ayudarle con Scratch. Sin embargo, estos libros suelen apuntar a las personas y en su mayoría ofrecen sólo unos pocos ejemplos de aplicaciones simples para que pueda entender la interfaz de usuario en Scratch. Tenga en cuenta que la mayoría de esos libros están hablando de Scratch más que de la programación en él. Es por eso que en esta guía trataremos de explicar los conceptos básicos de la programación y sus conceptos fundamentales mientras usamos Scratch como una herramienta para una mejor comprensión.

Esto significa que esta guía es para todos aquellos que quieren aprender más acerca de las ciencias de la computación. Cubre los cconceptos más importantes en la programación, ya sea que lo utilice para tareas escolares o simplemente como una guía de autoaprendizaje. Cubriremos las habilidades básicas de programación y los conocimientos utilizando el lenguaje que es comprensible para las personas independientemente de su experiencia. Sin embargo, esta guia se puede observar como una introducción al mundo de la programación. Con Scratch, es más fácil interactuar y hacer que el contenido sea compatible con sus necesidades mientras mejora constantemente sus habilidades.

Es importante tener en cuenta que esta guía no asume que ninguno de sus lectores tiene ninguna experiencia previa o conocimiento avanzado sobre programación y que el nivel de matemáticas utilizado en los ejemplos está en un nivel no superior a la escuela secundaria. Aún así, aprender algo nuevo lleva tiempo, y llegar a ser bueno en la programacion no es algo que pueda suceder de la noche a la mañana. Se necesita tiempo y práctica y, por supuesto, muchos errores que sucederán en el camino. Es por eso que debe armarse con paciencia y probar tantas técnicas diferentes que pueda. La diversidad le ayudará de múltiples maneras y aumenta su capacidad para hacer proyectos más avanzados.

Como ya hemos mencionado, esta guía ofrece un enfoque que influirá en sus habilidades de resolución de problemas mientras presenta conceptos de programación. El propósito de este enfoque es estimular la imaginación y hacer que este tipo de aprendizaje sea accesible para diferentes tipos de lectores. Como verá, la guía se centrará más en aplicaciones concretas que en las características de Scratch. Además, todos los ejemplos que cubre esta guía son útiles con los diversos conocimientos que Scratch puede proporcionar. De esa manera, puedes aplicar habilidades adquiridas a otros campos de tu vida. Habrá algunos ejercicios para animarte a incorporar todo lo que has aprendido hasta ahora. Una vez que pueda resolver diferentes ejercicios por su cuenta, significa que ha comprendido los conceptos básicos de programación de Scratch.

En los primeros capítulos de esta guía, presentaremos Scratch y sus herramientas para dibujar y aplicaciones. Hablaremos con más detalle sobre las formas geométricas y puedes dibujarlas. Además, hablaremos sobre la creación de aplicaciones sencillas pero enriquecidas con contenido multimedia. Si bien esta parte estará dedicada a las características únicas de Scratch, el resto de la guía se centrará más en construcciones que Scratch puede apoyar y programar en general. Después de leer los siguientes capítulos, usted debe ser capaz de reconocer y utilizar el entorno en Scratch junto con bloques de comandos y la creación de programas simples. También debería ser capaz de utilizar los comandos de movimiento más simples mientras aprende más sobre las posibilidades de dibujar en Scratch. Además, hay una sección que te enseñará cómo usar comandos gráficos en Scratch y también cómo añadir sonido a tus proyectos. Esta guía le ayudará a entender los procedimientos en Scratch mientras los presenta como una manera de crear programas de diferentes estructuras. Uno de los focos principales serán las variables y cómo se pueden utilizar ya que son la característica más común en todos los programas interactivos.

Cada ejemplo y ejercicio de esta guía debe usarse como una especie de patrón para crear sus propios proyectos hasta que explore suficientes opciones nuevas para crear cosas más avanzadas. Esperamos que una vez que termine de leer esta guía, pueda crear un proyecto de programación simple que desee, por su cuenta.

Capítulo 1

Introducción a Scratch

Si alguna vez has pensado en crear tu propia aplicación, animación, tutorial o incluso tu propio juego de ordenador, Scratch definitivamente debería ser uno de los lenguajes de programación que deberías estar buscando. Le proporciona un entorno interesante y ofrece diferentes tipos de bloques de comandos que puede utilizar para las cosas que le interesan. En este primer capítulo, hablaremos un poco más sobre Scratch en general. Lo mejor es que todo lo que haces en Scratch se puede almacenar directamente en tu ordenador o puedes subirlo al sitio web de Scratch si quieres recibir comentarios de otros usuarios.

Los programas de ordenador suelen ser solo instrucciones que usas para decirle a tu ordenador lo que quieres que haga. El lenguaje que usas para hacer eso es más frecuentemente basado en texto, o podemos decir que tienes que usar algún tipo de inglés críptico. Por ejemplo, si desea que el equipo muestre "Adiós" hay varias maneras diferentes de dar ese comando a su equipo que termina en el lenguaje de programación que desea utilizar. Si utiliza Java, la instrucción será system.out.print ('Adiós');. O si desea dar el comando en el lenguaje C++, por ejemplo, sería std::cout <<" Goodbye"<<std::endl; Si eres un principiante, puede ser difícil

aprender las reglas y las formas en que estos programas usan la sintaxis en inglés. Ahí es donde Scratch entra y te da algo visual. Massachusetts Institute of Technology (MIT) Media Lab desarrolló Scratch para que sea mas facil para aquellos interesados en la programación mientras que hace que sea más divertido de aprender. No hay instrucciones complicadas para escribir Scratch. Sin embargo, encontrarás bloques multimedia que necesitarás para conectarte si quieres crear un programa.

Esto puede sonar confuso, por lo que usaremos el ejemplo directamente desde el programa para explicar. Cuando abras Scratch en tu ordenador, una de las primeras figuras que verás es un gato. En Scratch, ese gato se llama sprite. Puede dar una serie de comandos a un sprite y entenderá y obedecerá. Lo siguiente que verás en tu lado izquierdo es el bloque púrpura que da la orden al gato de decir "Hola". Este texto se muestra más adelante en una burbuja de voz. Múltiples aplicaciones o animaciones que harás en Scratch usarán más de un sprite, y estos bloques púrpuras se utilizarán para hacer que esos sprites se vuelvan, hablen, se muevan, reproduzcan música o incluso realicen algunas tareas matemáticas. Imagínate que estás jugando con ladrillos LEGO en lugar de programación y verás que no es difícil romper estos bloques de colores, que en realidad son códigos. El script de Scratch hace referencia a una pila de estos bloques de color que se reúnen. Por ejemplo, la forma más sencilla de ver lo que realmente es, sería hacer que su sprite cambie de color tres o cuatro veces. Puede poner la pausa de un segundo entre cada cambio de color, y este conjunto de comandos conectados para realizar una acción completa es un ejemplo práctico del script que mencionamos anteriormente.

En esta guía, usaremos Scratch 2 para todas las explicaciones y ejemplos. Esta versión fue lanzada en 2013 y le permite hacer proyectos en su navegador por lo que ni siquiera tiene que instalar el software. Esta es la razón por la que hablaremos sobre todo de la interfaz web de Scratch, y todas los contenidos de esta guía se basarán en ella.

Entorno del programa en Scratch

Ahora que puedes seguir algunas de las cosas básicas que podemos empezar a usar Scratch directamente. En primer lugar, hablaremos sobre el medio ambiente una vez que abra el programa. Puedes hacerlo yendo al sitio web oficial del Scratch http://scratch.mit.edu/. Uno de los enlaces que debería ver cuando abra este sitio en su navegador es "Pruébelo" enlace al hacer clic en él, debería ser redirigido a la interfaz del editor web que le permitirá crear un nuevo proyecto.

Lo siguiente que debería aparecer en la pantalla es una ventana con al menos tres paneles. Estos paneles deben ser la pestaña de script (mira en el lado derecho de la ventana), el escenario (mira en la parte superior izquierda de la ventana) y la lista de sprites, que debe estar en la parte inferior izquierda de la ventana abierta. La pestaña Script en el lado derecho también debe tener área de script y bloques como pestañas adicionales junto con el traje de secciones de sonido nd.

Si haces una cuenta en el sitio web de Scratch e inicias sesión antes de abrir el editor, deberías poder ver una función adicional más llamada mochila. Debe estar en la parte inferior derecha de la ventana. La mochila consta de botones que te permiten compartir el proyecto que hiciste mientras te permite usar todos los sprites y scripts que existen en otros proyectos disponibles en ese momento. Ahora discutiremos los tres paneles principales y algunas de las secciones adicionales con más detalle.

El escenario

El escenario es un panel en el que el sprite que usa se mueve e interactúa. Tiene una longitud de 480 escalones y una altura de 360 escalones, y el centro de este panel está marcado con 0 en las coordenadas x e y. Estas coordenadas (x, y) se pueden encontrar en cualquier punto cuando se utiliza el panel de escenario. La forma más sencilla de verlos es simplemente mover el cursor del ratón y verá los números en el área de visualización pequeña que se encuentra debajo del escenario. Por el contrario, por encima del escenario, se encuentra una pequeña barra que ofrece unos pocos diferentes controles. El primero se llama el modo de presentación y se representa con un icono u. Este icono le permite ocultar todos los scripts y herramientas que puede utilizar y extender el escenario en toda la pantalla de su ordenador. El siguiente control en la barra es el cuadro de edición representado con un icono v que muestra el título del proyecto en el que está trabajando en este momento. La barra sobre el escenario también tiene iconos para detener e iniciar el programa y se representan como el icono X estándar para el cierre y la bandera verde para iniciarlo.

Lista de sprites

En el panel de lista de sprites, rellena las miniaturas y los nombres de todos los sprites que va a usar en el proyecto y, cuando decida iniciar uno nuevo, el panel del escenario será blanco con el sprite en forma de gato electrónico. Algunos botones aparecen encima de este panel. Tienen la función de agregar nuevos sprites al proyecto actual. Estos nuevos sprites se pueden agregar desde cuatro lugares como Paint Editor (le permite dibujar su propio traje de sprite), biblioteca de sprites (cada versión de Scratch tiene uno); puede agregar sprites desde su computadora (está marcada con un icono X) o desde la cámara de su computadora (marcada con el icono W). Cada sprite que añadas al proyecto en el que estés trabajando tendrá su propio traje, por lo tanto sus propios guiones y sonidos. Puede ver todas sus entidades haciendo clic en las miniaturas de la lista de sprites para cada sprite individualmente, o simplemente puede hacer doble clic en el sprite, qué pertenencias desea ver. Si decide hacer clic en la miniatura, la miniatura seleccionada se delineará y resaltará en color azul.

Tenga en cuenta que siempre puede acceder a sus sprites trajes, guiones y sonidos también haciendo clic en las pestañas que están por encima del área de script también. La forma más sencilla de hacerlo es utilizar el clic derecho en el cursor del ratón en su sprite en forma de gato y el menú emergente aparecerá en el monitor. Si lo desea, puede hacer un sinfín de copias de su sprite y Scratch automáticamente darles diferentes nombres. Sin embargo, si desea eliminar algunos de los sprites que ha estado utilizando, puede hacerlo utilizando la miniatura marcada con V (eliminar). Por otro lado, si desea exportar su sprite puede hacerlo mediante la opción de archivo local marcada con la miniatura W que guardará su sprite como un archivo .sprite2 en su computadora. De esta manera puede utilizar sus propios sprites exportados a algunos otros proyectos haciendo clic en cargar sprite desde el botón de archivo que aparece encima del escenario junto con el botón de ocultar o mostrar que controla la apariencia de su prite sen la pantalla.

La lista de sprites no solo muestra las miniaturas que mencionamos, sino también las miniaturas del panel del escenario de la izquierda. El panel del escenario tiene su propio, diferente, conjunto de sonidos e imágenes, por lo tanto, sus propios scripts. Tiene un fondo i mago también, y esta imagen de fondo en Scratch se llama el telón de fondo. Cada vez que se inicia un nuevo proyecto en Scratch, la configuración predeterminada del escenario es un telón de fondo blanco. Sin embargo, siempre puede cambiar eso agregando otras imágenes como una imagen de fondo. Si hace clic en el icono del escenario, aparecerá la lista de sprites. Le permite editar y ver cada fondo que utilice, cada sonido implementado y, además, le permite editar todos los scripts que están asociados con el proyecto.

Pestaña Bloques

En la versión 2 del Scratch, puede encontrar diez categorías en las pestañas de bloque. Estas categorías también se pueden denominar paletas, y son movimiento, sonido, datos, apariencia, lápiz, control, eventos, operadores, detección y más bloques en caso de que desee agregar uno adicional a su proyecto. Las pestañas de bloque están diseñadas para estar en color, por lo que es más fácil para usted encontrar aquellos que están relacionados. Scratch en esta versión tiene más de 100 bloques; sin embargo, algunos de ellos sólo aparecen si se cumplen ciertas condiciones. Por ejemplo, si desea utilizar bloques de la categoría de datos, no puede hacerlo antes de crear una determinada lista o variable. Varios componentes se pueden encontrar en la pestaña de bloques y la mejor manera de explorarlos es hacer clic en el bloque y simplemente observar lo que hace.

Por ejemplo, si hace clic en la paleta de movimiento y da el comando para mover, digamos, 20 pasos, su sprite moverá 20 pasos en el panel del escenario. Si vuelve a hacer clic en la paleta, se moverá otros 20 pasos, y así sucesivamente. Además, si desea instruir su charla de sprites, haga clic en la categoría de aspectos, luego haga clic en el bloque "decir hola" bloque y su sprite tendrá una burbuja de voz que dice hola. Cuando se trata de la longitud de la visualización de las burbujas de voz, usted tiene un bloque adicional en el que se puede poner 2segundos, 5 segundos, etc. Si necesita ayuda con bloques, hay una pantalla de ayuda que aparece como un icono de signo de interrogación en la barra de herramientas. Una vez abierta la ventana "ayuda" , solo tienes que hacer clic en el bloque del que quieres saber más. No todos los bloques son iguales; algunos de ellos necesitan varios argumentos (o entradas) antes de que puedan indicar al sprite qué hacer a continuación.

Usaremos el " mover 20 pasos" del ejemplo anterior porque el número 20, en este caso, es una entrada. El bloque le permite cambiar la entrada haciendo clic en el área blanca y cambiando el número. Puede poner 15 pasos o 30 pasos; depende de su propia preferencia. Además, hay bloques, como los que apuntan en dirección 90, que tienen menús desplegables y puedes cambiar tu entrada haciendo clic en la flecha hacia abajo y seleccionando una de las opciones disponibles. Cuando hablamos de este comando en particular, una vez que haga clic en él, aparecerá el área blanca, y simplemente puede poner el valor que desea dentro de esos bloques blancos mientras que en los otros menús "pull-down" puede seleccionar uno de los valores que ya se ofrecen sin cambiarlos.

Zona de guiones

Si quieres hacer tu sprite para hacer varias cosas interesantes tienes que programarlo. Usando Scratch, lo que significa que tendrás que arrastrar varios bloques desde la pestaña the block y ajustarlos juntos en el área de scripts. Cuando desea mover bloques en el área de scripts, algunos indicadores se resaltan en color blanco que le indica dónde puede colocarlos para conectarlos correctamente a otro bloque. No todos los bloques pueden conectar con cada otro es por eso que tienes que seguir qué bloques son válidos para encajar juntos. De esta manera Scratch elimina los posibles errores que ocurren con frecuencia cuando las personas usan lenguajes de programa basados en texto. Uno de los muchos beneficios de

Scratch es que no necesitas tener scripts completos si quieres probarlos, puedes simplemente ejecutarlos y ver cómo se verán mientras los construyes. Sólo tiene que hacer clic en el script que ha hecho hasta ahora y se ejecutará a pesar de que lo hizo completamente o sólo una parte de él.

Ni siquiera tienes que tener todos los bloques rotos para probarlos; puede simplemente desensamblar la pila y probar cada una individualmente, lo que es muy útil para la comprensión posterior de los scripts más largos. Si desea mover una pila completa en lugar de un bloque, simplemente agarre el bloque superior y toda la pila se moverá en la dirección puntiaguda. Si quieres separar algunos de los bloques, como un bloque en el medio, por ejemplo, y todos los bloques debajo de él, tienes que agarrar el bloque preferido y arrastrarlo. Puedes probar esto tantas veces como necesites y con tantas pilas y bloques diferentes como quieras. El área Scripts le permite crear el proyecto gradualmente, haciendo una pieza a la vez conectando una cantidad menor de bloques, probándolos y luego combinándolos de la manera que desee. De esta manera puede hacer scripts más largos a medida que avanza con la programación. Usar trozos más pequeños de bloques y probarlos te permite ver si todo va a funcionar como querías antes de empezar a hacer algo más complicado. Incluso hay una opción de copiar la pila de bloques de un sprite y utilizara a otro arrastrando la pila desde el área de script a su otro destino en la lista de sprites.

Pestaña Disfraces

Esta pestaña le permite cambiar el aspecto de su sprite. Se llama cambiar el traje, pero de hecho, es sólo una imagen. La pestaña de disfraces tiene opciones que te ayudan a organizar el aspecto de tus sprites para que puedas pensar en ello como una especie de traje virtual. Sin embargo, cada sprite está limitado a tener solo un traje en ese momento. Digamos que quieres cambiar el traje de tu sprite en forma de gato. Puedes hacerlo fácilmente haciendo clic en la pestaña de disfraces y elegir uno de los dos trajes que se ofrecen por defecto. El que elijas se resaltará y si haces doble clic en él, se convertirá en el traje actual de tu sprite. Si hace clic con el botón derecho en la miniatura de los trajes, aparecerá un menú desplegable. Hay tres opciones en este menú: duplicar el sprite, eliminarlo o guardarlo en el archivo local. Si haces clic en la primera opción, añadirá un nuevo traje que copiaste, también, como su nombre indica, la opción de eliminación se utiliza si quieres eliminar el traje que has seleccionado anteriormente. Por último, la última opción le permite guardar el traje preferido como un archivo y usarlo para otros proyectos haciendo clic en el botón "subir trajes".

Pestaña Sonidos

Para hacer las cosas aún más interesantes, Scratch permite que tus sprites reproduzcan sonidos que pueden animar tu proyecto. Por ejemplo, puede utilizar diferentes sonidos para expresar diferentes estados de ánimo del sprite para que otros puedan ver si el sprite es feliz, triste o enojado. Si haces que tu sprite parezca una bala, por ejemplo, puedes usar diferentes sonidos para expresar si se perdió o golpeó el objetivo. Hay varios botones en la pestaña de sonidos que pueden ayudarle a organizar e incorporar sonidos para sprites en su proyecto. Además, hay una herramienta que te permite editar sonidos también, lo que significa que puedes tomarte tu tiempo y experimentar con esta función tanto como quieras. En su mayoría, usará uno de los tres botones que se encuentran en la parte superior de esta pestaña. Sus funciones son permitirle grabar un nuevo sonido (necesitará un micrófono para este), elegir uno de los sonidos ya existentes de la biblioteca Ch de Scrat,o importar un sonido directamente desde su ordenador. Tenga en cuenta que Scratch acepta sólo dos tipos de formatos de sonido, que son WAV y MP3. Puedes probar cómo obtener algunas ideas nuevas para tu proyecto escuchando algunos de los sonidos que están disponibles en la biblioteca Scratch antes de importar o hacer algo por tu cuenta. De esta manera te pondrás más cómodo en el uso del programa mientras exploras todas sus opciones.

Ficha Telón de fondo

Ya mencionamos la pestaña de disfraces. Pero, una vez que seleccionar una de las miniaturas en el escenario, el nombre de la pestaña de traje en la lista de sprites cambia a telón de fondo. El propósito de esta pestaña es ayudarle a organizar todas las imágenes de fondo que se pueden encontrar en el panel del escenario. Más adelante puede cambiar estas imágenes con los scripts que ha creado. Por ejemplo, si quieres hacer un juego, necesitarás más de un fondo. Tal vez usted utilizará un telón de fondo con ciertas instrucciones para el comienzo del juego y luego cambiarlo a otro telón de fondo con algunas otras instrucciones una vez cuando el juego comienza, y así sucesivamente. Ten en cuenta que la pestaña de fondo y la pestaña de disfraces son idénticas. Puede practicar utilizando la pestaña de fondo haciendo clic en la lista de sprites y seleccionar la cuadrícula XY mientras la convierte en el telón de fondo predeterminado para su proyecto. Esta cuadrícula aparecerá en el panel del escenario como un plano cartesiano 2D. Esto puede ser útil si decide trabajar o practicar con bloques de movimiento. Al igual que con cualquier otra pestaña, puede repetir estos pasos mientras selecciona diferentes gotas de espalda tantas veces like. Incluso podría inspirarte a hacer nuevos proyectos.

Información de Sprite

Si desea ver información sobre los sprites de su proyecto, puede hacerlo haciendo clic en el icono que se encuentra en el borde superior izquierdo de la miniatura de cada sprite. Una vez que haga click el icono verá el nombre del sprite, la posición actual del sprite (marcado con coordenadas x e y), la dirección del sprite, su visibilidad y la rotación del sprite. Además, verá si puede arrastrar el sprite al modo de presentación.

El cuadro de edición que puedes ver en la parte superior de la información de sprites te permite cambiar el nombre de tu sprite. Puedes hacerlo tantas veces como quieras. Por otro lado, las letras X y Y representan los valores que se utilizan para determinarla posición del sprite en el panel del escenario. Arrastre el sprite en los diferentes puntos del escenario y observe los números de estos valores y cómo cambian. Estos valores responden al movimiento del bloque y si desea rotar el sprite puede hacerlo arrastrando la línea azul que aparece en el centro del icono de rotación. Hay tres botones para la rotación. Se les llama: no hay botón de rotación; botón de volteo izquierda-derecha y botón de rotación. Estos botones controlan la apariencia de los trajes del sprite cuando cambian de dirección.

Para poder entender mejor cómo funcionan estos botones, puede crear un script y hacer clic en cada botón individualmente mientras se ejecuta el script. Puede utilizar el bloque de espera que se puede encontrar en la categoría de control o puede usar el bloque can para comprobar si el sprite se puede mover al modo de presentación. Esto se puede hacer simplemente agarrando el sprite y arrastrándolo al modo de presentación con el cursor del ratón. El modo de presentación está activado cuando marca la casilla que aparece en la pantalla. Intente arrastrar el sprite con esta casilla desmarcada también y observe lo que sucede. Sprite info también tiene la casilla de verificación de sombra, que le permite ocultar o mostrar el sprite en su proyecto en el momento exacto que desea. También hay muchos ways para usar sprites ocultos y hacerlos hacer un montón de tareas que pueden ser útiles y entretenidas. Tómese su tiempo para explorar esta función.

Barra

Al igual que muchos otros programas, Scratch también tiene una barra de herramientas. Sin embargo, si utiliza una interfaz web, se verá diferente si ha iniciado sesión en lugar de ser un usuario invitado. Si desea eliminar sprites o hacer más copias, puede utilizar los botones " duplicar" o " eliminar"; ambos botones se encuentran en la barra de herramientas. Se pueden utilizar no sólo para sprites, sino también para bloques, sonidos, disfraces y guiones. También encontrarás el botón "crecer" que hace que tu sprite sea más grande.

Por el contrario, el botón "shrink" lo hará más pequeño. Ambas funciones se pueden ejecutar haciendo clic en el botón primero y luego en el sprite en el que desea usarlo. Una vez que termine con esto, puede devolver el cursor para que sea una flecha haciendo clic en cualquier parte de la pantalla que esté en blanco. Si tiene que cambiar el idioma de la interfaz, puede hacerlo utilizando el idioma bar. La barra de herramientas también tiene el menú de archivos, que le permite crear nuevos proyectos, cargar proyectos que ya tiene en su ordenador, descargar el proyecto que ha terminado o deshacer todos los cambios que ha realizado. Si utiliza Scratch 2, notará que hay una extensión .sb2 para cada archivo que guarde. De esta manera, Scratch-made se aseguró de que va a distinguir sus archivos de los proyectos que podría haber creado en otra versión de Scratch.

Por último, hay un menú de edición que te ofrece acciones como "undelete" que devuelve lo último que eliminaste ya sea un sprite, un bloque, un guión, un disfraz o un sonido. Además, puede reducir el escenario y hacer que el área de script sea más grande utilizando la opción "escenario pequeño". Si selecciona el modo turbo en el menú de edición, puede aumentar la velocidad de los bloques seleccionados. Por ejemplo, si quieres mover un bloque mil veces, tomará hasta 70 segundos, pero si enciendes el modo turbo, solo tomará 0,2 segundos realizar la misma acción.

Editor de pintura

Esta función Scratch integrada te permite crear tus propios fondos o disfraces o editar los existentes. Esto, sin embargo, no significa que no pueda usar otros programas de edición para hacerlo. Varios recursos proporcionan más información sobre el editor de pintura de Scratch. Recomendamos el que se llama simplemente Scratch Paint Editor. Se puede descargar desde el sitio web de nostrach.com. Aún así, sólo hay dos características que necesita saber más sobre como un principiante. Debe saber cómo establecer el centro de una imagen y cómo establecer un color transparente. Discutiremos cada una de estas características en el siguiente texto.

Cada sprite tiende a recurrir a un determinado punto de referencia. Independientemente del comando de moverse a la izquierda o a la derecha, este centro siempre es un centro del traje del sprite. Ahí es donde entra en la configuración de la entidad del centro de imágenes. Hay un botón en la esquina superior derecha del editor de pintura que le permite establecer el centro del traje (o una imagen). Si hace clic en este botón, la cruz aparece en el área de dibujo y el punto central es en realidad un punto de intersección de los ejes que aparecerán en el editor. Si desea cambiar este punto, debe cambiarlo y arrastrarlo a la posición que más le convenga. Puede probar este feature abriendo el archivo denominado "rotationcenter.sb2" y ejecutándolo. Este archivo tiene sólo un sprite junto con un traje y un guión conectado a él. El centro de disfraces de este archivo está situado en el centro. Intente determinar los patrones una vez cuando se encuentra con la ejecución de la aplicación. Cuando establezcas los patrones, prueba a editar el centro del traje y ponlo en el centro del círculo, por ejemplo. A continuación, vuelva a ejecutar la aplicación y observe cómo ha cambiado la imagen.

Cuando se utiliza más de una imagen, pueden superponerse y que una imagen cubre alguna parte de otra. Además, el sprite que utilice en el proyecto puede cubrir algunas partes del panel del escenario. Si quieres evitar eso y ver la apariencia real del escenario, y cómo se ve detrás de la imagen, tendrás que usar el editor de pintura y hacer que al menos una parte de esa imagen sea transparente. La forma más sencilla de hacerlo es ir a la categoría Color, luego encontrar el cuadrado que tiene una línea roja diagonal sobre él, haga clic en él y use ese color "transparente" para hacer invisible cualquier parte de la imagen que necesite. El color transparente se puede observar como un signo de "sin color" que le ayuda a eliminar todas las partes innecesarias de sprites o fondos en el proyecto.

Ahora que hemos discutido algunas de las características básicas que puedes ver una vez que abras Scratch por primera vez, haremos que ese conocimiento sea útil pasando por una tarea concreta. Veremos cómo podemos hacer un juego simple en Scratch incorporando todo lo que hemos aprendido hasta ahora.

El Ejemplo de Juego

En este ejemplo, intentaremos crear un juego para un solo jugador. El juego no es complicado y su propósito es hacer que los jugadores muevan un remo para evitar que la pelota de tenis golpee el suelo. Como puedes sugerir, el juego que intentaremos hacer usando Scratch se basa en el clásico juego que muchos de nosotros jugamos cuando éramos niños, el juego arcade llamado Pong.

El concepto es simple; la pelota tiene que empezar en la parte superior del panel del escenario y moverse hacia abajo. El ángulo del movimiento de la bola es aleatorio, lo que significa que puede caer en los bordes del escenario en su camino hacia la parte inferior de la pantalla. El papel del jugador es mover la paleta usando el ratón y enviar la pelota de nuevo hacia arriba. La paleta se mueve horizontalmente y si el jugador no envía la pelota hacia arriba y toca el escenario, el juego termina. Por supuesto, necesitaremos varios pasos para crear el juego, pero primero, necesitamos abrir un nuevo proyecto y eliminar un sprite en forma de gato. Puede hacerlo seleccionando "archivo 4nuevo" en el menú Scratch y el nuevo proyecto se abrirá. Cat sprite se elimina seleccionando " delete" en el menú desplegable una vez que haga clic con el botón derecho en él.

El primer paso es preparar el telón de fondo. Si quieres ordenar que el juego reconozca cuando la pelota perdió la paleta, tendrás que marcar la parte inferior del panel de la edad más alta con un color de tu elección. El color preferido se puede seleccionar de la categoría de detección, y luego se aplica al bloque, que detectará si la bola tocó el color durante el juego o no. Cuando termine esto, haga clic una vez más en el stage para volver a él y luego vaya de nuevo a la pestaña de fondos.

El siguiente paso es intentar añadir la paleta y la pelota. Para hacerlos, primero debes añadir el sprite de paleta a tu proyecto. Haga clic en el botón "nuevo sprite" que aparece encima de la lista de sprites. Como sugieres, la paleta es en realidad un rectángulo delgado como el que mencionamos en el primer paso. Es por eso que repites ese paso y dibujas el mismo rectángulo que representará la paleta. Puedes colorear la paleta una vez cuando la termines usando cualquier color que quieras mientras estableces el centro en el centro aproximado del rectángulo. Debe nombrar el sprite con algo que explique su función. En este caso, el nombre más lógico del sprite que agregó es "paddle". Esta imagen debe tener su coordenada y establecida en 120 en valor. Ahora, lograste poner una pala en tu juego, pero todavía necesita una pelota que se supone que rebota a través del panel del escenario. La mejor manera de añadir la pelota es hacer clic en la biblioteca Scratch y elegir uno de los sprites existentes e importarlo a su juego. Al hacer clic en la biblioteca, el cuadro de diálogo aparecerá con una categoría delgada dentro. Elija esa categoría y seleccione un sprite de bola de tenis que se agregará inmediatamente al proyecto. Del mismo modo, al igual que con el nombre de la paleta, puedes nombrar este nuevo sprite "ball", ya que es su descripción y papel primarios. Para evitar cualquier ocurrencia impredecible, debe guardar el proyecto en el equipo antes de empezar a crear scripts para el juego. Puede hacerlo seleccionando descargas de archivos y simplemente seleccione en qué carpeta desea guardarla. Puede llamarlo "pong" por ejemplo, y aparecerá en su ordenador como pong.sb2. Si has creado una cuenta y has iniciado sesión mientras realizaste el juego, también puedes guardar tu progreso en el servidor Scratch o en la nube. Independientemente del lugar en el que desee almacenar sus archivos, tenga en cuenta que la mejor manera de proteger su trabajo es guardar las cosas que hace tan a menudo como sea posible. Ahora tienes los dos sprites más esenciales para tu juego.

El paso que sigue a estos sprites iniciales es decidir cómo se iniciará el juego y hacer que estos sprites se muevan. Ya que eres el diseñador del juego, puedes elegir cómo los jugadores comenzarán sus nuevas rondas. Por ejemplo, puedes hacer que inicien el juego solo si presionan una tecla determinada. Además, puede comenzar haciendo clic en uno de los sprites o incluso flipping si el jugador tiene una cámara web adecuada que puede utilizar. Aún así, en este ejemplo, usaremos la bandera verde que verás sobre el escenario porque es la opción más popular en Scratch. La forma de hacer que esto funcione es muy sencilla. Cada script comienza con esta bandera verde que activará el bloque cuando se hace clic y se ejecutarán cada vez que presione ese botón en particular. Cuando se inicia el script, la marca se vuelve verde brillante y ese color permanece hasta que el script finaliza.

Así que una vez que haga clic en la bandera verde se va al bloque XY y establecer la posición vertical de la paleta a -120 grados. Debe comprobar esto antes de continuar, ya que puede suceder que haya movido accidentalmente el valor con el mouse. El objetivo es hacer que la paleta que has hecho pase el ratón por encima del rectángulo (de color rosa, por ejemplo) en la parte inferior del panel del escenario. Si has creado un rectángulo más grueso, simplemente adapta su número de posición para que pueda funcionar en tu diseño sin problemas. Al hacer todo esto, el script automáticamente girará el bloque "forever", que comprobará constantemente la posición del ratón durante el juego. Intente mover la paleta hacia atrás y luego hacia adelante mientras coincide con la posición x del ratón con la posición x de la paleta. A continuación, intente ejecutar el script mediante la lamer la bandera verde que mencionamos antes, pero esta vez intente mover el ratón hacia arriba y hacia abajo. Si todo está bien, la paleta debe seguir el movimiento del ratón. Cuando termine de probar esta parte, haga clic en el icono de parada que se encuentra junto a la bandera verde y detiene el script.

Otro guión que tienes que hacer es el del sprite de bola y es un poco más largo que el que tenías que hacer para el remo. Para evitar confusiones, dividiremos el script en partes más pequeñas. Lo primero que tienes que hacer es lo mismo que para el remo, tienes que hacer clic en la bandera verde por encima del sprite y la bola comenzará a moverse lo que significa que ahora podemos añadir el guión que se adapte al juego. Vamos a mover el sprite bola a la parte superior del panel del escenario y comunicación y que va hacia abajo en un ángulo aleatorio. Para ello, debe seleccionar el botón de bloque aleatorio marcado con V de la categoría de operadores. Como antes, el script utiliza automáticamente el bloque forever (marcado con la letra w) y mueve la pelota por todo el panel de edad más o menos de los bordes del área mostrada. Prueba todo lo que has hecho hasta ahora haciendo clic en la bandera verde. Si lo hiciste todo correctamente, la pelota debería estar moviéndose usando el patrón en zigzag y la paleta que previamente scripted debe seguir los movimientos que hagas con el ratón. Puedes probar la sustitución de los valores que están dentro del bloque en movimiento y hacer el juego más difícil aumentando el número que está dentro. Cuando decidas qué tipo de nivel quieres para tu juego haz clic en stop y luego podrás seguir diseñando tu juego.

La siguiente parte del guion que tendrás que escribir es cómo hacer que la bola que apunta hacia abajo rebote en la paleta que mueves con el ratón. En realidad es muy simple si modificas el bloc k para siempre que tienes en la parte anterior del script. Ajuste el bloque para que la pelota pueda viajar hacia arriba cuando golpea la paleta. Lo harás ordenando la pelota que cuando toque la paleta vaya en la dirección aleatoria. En este ejemplo, diremos que el espacio para esto debe estar entre -30 y 30 en la escala Y. Ahora, cuando el bloque forever comienza a ejecutarse para la siguiente ronda del juego, el bloque en movimiento ejecutará el comando que hará que el sprite de bola viaje hacia arriba. Si quieres probar esto, otra vez, haz clic en la bandera verde; y una vez cuando te asegures de que la pelota realmente está rebotando fuera de la paleta de la manera que esperabas, puedes usar el icono de parada para pausar el guión. En este punto, lo único que necesita ser codificado es terminar el juego si la paleta no impide que la pelota toque la parte inferior del panel del escenario. Puede agregar este script al sprite de bola antes o después del bloque anterior que ha escrito. El bloque móvil se puede encontrar en la categoría de sensación, mientras que el bloque de parada se puede encontrar en la paleta de control. Debería funcionar así: haga clic con el ratón sobre el cuadrado que está coloreado y el cursor del ratón debe cambiar de una flecha a la mano. Mueva el cursor de la mano y haga clic encima del rectángulo rosa que aparece en la parte inferior del escenario y tenga en cuenta que el cuadrado que está utilizando debe coincidir con el color del rectángulo.

Si hace clic en "detener todo bloque" ejecutará la acción que su nombre sugiere y dejará de ejecutar cada script en cada sprite que tenga en su proyecto. Esto significa que ni la pelota ni el remo son una excepción. Con esto, tienes tu primer juego básico que es completamente funcional. Aún así, deberías probarlo unas cuantas veces más sólo para asegurarte de que todas las partes del juego están funcionando correctamente. Si todo está bien, lograste uno de los objetivos principales del Scratch- para hacer un juego completo usando una cantidad muy pequeña del código. Esta es una de las cosas que hace que Scratch sea más accesible que otros lenguajes del programa.

Lo último que debe hacer es hacer su juego más divertido con el sonido. Puedes hacerlo añadiendo ruido cada vez que golpees la pelota con la paleta. La forma más sencilla de agregar sonido es hacer doble clic en el sprite de bola que se encuentra en el escenario y, a continuación, seleccionar la pestaña de sonidos. Al principio, lo mejor es utilizar algunos de los sonidos de la biblioteca de Scratch para hacer clic en el botón "elegir sonido de la biblioteca" y luego añadir uno de los sonidos que te gustan al sprite haciendo clic en

Aceptar. Después de terminar esto, vaya a la pestaña scripts de nuevo e inserte el bloque de sonido de la categoría de sonido. Ten en cuenta que debes probar el juego después de esto, y si todo está bien, escucharás un sonido que hayas elegido (un sonido corto de "pop" por ejemplo) cada vez que toques la pelota con la paleta. Con este toque final, has completado tu primer juego usando Scratch como lenguaje de programación. Por supuesto, siempre puedes añadirle más características añadiendo dos o más bolas, por ejemplo, el proceso es el mismo, por lo que lo único que necesitas es el tiempo para explorar y experimentar más. El siguiente texto estará más dedicado a los tipos de bloques que ofrece Scratch, y algunos de esos bloques se utilizaron intensivamente para construir el juego a partir de nuestro ejemplo.

Una visión general de los bloques Scratch

Usaremos esta sección para hablar más sobre los bloques que están disponibles en Scratch. Aprenderá más sobre sus nombres y su papel en el programa. El propósito es tratar de definir términos que usted podría ser desconocido para usted y que se utilizarán a lo largo de esta guía. Esta parte de la guía puede ser una parte a la que volverás cuando te sientas atascado y necesites recordarte ciertas expresiones. La versión de Scratch que utilizamos como referencia en la guía ofrece cuatro tipos de bloques. Estos bloques son los bloques de función, los bloques de comandos, los bloques de control y los bloques de desencadenador. Ya nos hemos reunido con la mayoría de ellos en el texto anterior.

Los bloques de control y los bloques de comandos también se conocen como pilas. Tienen muescas en la parte superior o tienen baches en la parte inferior. Como su nombre indica, estos bloques se pueden encajar juntos en las pilas.

Los bloques de gatillo, por otro lado, son más conocidos como sombreros porque tienen tops redondeados. Estos bloques se colocan normalmente en la parte superior de cada pila y conectan scripts con eventos. Esperan un evento como un clic del mouse, por ejemplo, y después de que se produce el evento, ejecutan los bloques que se encuentran debajo de ellos. Si usamos nuestro juego "pong" como ejemplo, el bloque de disparo, en esa case, es la bandera verde en laque tienes que hacer clic cada vez que quieras iniciar los scripts que hiciste en ejecución.

Los bloques de funciones a veces se llaman los reporteros, y estos bloques no son redondos y no tienen golpes ni muescas. Los bloques de funciones son entradas de a otros bloques en lugar de una capa de un script real. La forma del bloque es un indicador de los datos que puede esperar que devuelvan. Por ejemplo, si elige una función con los extremos puntiagudos, informará si algo que es verdadero o falso, o si hace clic en el bloque defunciones con el extremo redondeado, informará del número que utilizó en el proyecto o de las cadenas utilizadas en él. Algunos de estos bloques vienen con una casilla de verificación. Si esta casilla está marcada, aparecerá una nueva ventana más pequeña en el monitor y muestra el valor actual de la función que se notifica. Por ejemplo, puede seleccionar un sprite y, una vez que aparezca la casilla de verificación, puede comprobarlo en el bloque de posición (marcado x) que se encuentra en la paleta de movimiento. Si intenta arrastrar el sprite alrededor del panel del escenario, el cuadro y los valores deben moverse y cambiar junto con el sprite.

Funciones y operadores aritméticos en Scratch

A pesar de que no hablaremos tanto como deberíamos en esta sección, sin embargo, cubriremos las cosas más importantes que necesita según las funciones y operaciones aritméticas que Soporta Scratch. Si, por ejemplo, necesita calcular algo y no tiene una calculadora en cualquier lugar, puede hacer una usando el programa usando los blocks de la paleta de los operadores.

La paleta de operadores ofrece bloques que pueden realizar todas las cuatro operaciones aritméticas básicas. Ya sea que desee agregar, restar, multiplicar o dividir números, puede hacerlo ejecutando estos bloques, y dado que produce números se pueden utilizar como entradas para todos los demás bloques que admiten valores numéricos.

Scratch no sólo admite las operaciones básicas, sino también el operador de módulo (mod), que le permite devolver el resto de la división de los dos números. Para distancia, si pones 10mod3, el retorno es uno porque cuando divides 10 por tres el resto de dividir estos dos números es el número 1. El uso más común de este operador es cuando desea probar si un número entero (o entero) es divisible por otros números más pequeños. Si el módulo es 0, significa que el número más grande se puede dividir con un número más pequeño. Modulus te permite ver si el número que obtendrás es par o impar. Además, Scratch también admite el operador round, que tiene el propósito de redondear decimales al número más cercano que es entero. Por ejemplo, si obtiene 3.1 el operador redondo lo redondeará al número 3 si el número es 2.6 el operador de ronda lo redondeará a 3 y así sucesivamente.

Cuando empieces a usar Scratch más a menudo, en algún momento tendrás que saber cómo generar números aleatorios. Esto es especialmente importante si desea crear más juegos o algunas simulaciones. Scratch tiene bloques aleatorios que están diseñados específicamente para eso. Los bloques aleatorios crean salidas, que son, como sugiere el nombre del heredero t, números aleatorios cada vez que hace clic en ellos. Estos bloques tienen áreas blancas editables en el interior en las que puede introducir un rango para el número que necesita. Scratch siempre elegirá el número que está entre los valores que ha establecido, incluyéndolos. Tenga en cuenta que obtendrá diferentes salidas si establece los valores finales en 1 a 2 o 1 a 1.0. Si elige la primera versión, obtendrá los números enteros, que son, en este caso, 1 o 2. Aún así, si elige la otra versión, la selección aleatoria será un valor decimal entre 1 y 2. Cada vez que establezca un número decimal para que sea la entrada limitante, la salida que se obtiene también será un decimal.

Aparte de estas operaciones básicas, Scratch puede admitir varias funciones matemáticas. Si junta bloques diferentes, el programa puede realizar hasta 14 funciones matemáticas que aparecerán en el menú desplegable. Algunas de estas funciones son logaritmos, trigonometría, calcular la raíz cuadrada de un número o encontrar la función exponencial del mismo. Si desea obtener más información sobre esta función de Scratch, lo mejor es utilizar el manual de funciones matemáticas que se puede encontrar en los documentos de soporte del programa. Este archivo contiene una cobertura más amplia de todas las funciones que puede realizar en Scratch y cómo combinar bloques para hacerlo.

En este primer capítulo, hemos analizado todas las categorías y características más importantes que aparecen en el entorno del programa de Scratch. Tuviste la oportunidad de leer más sobre los diferentes elementos de la interfaz web user e incluso hablamos del proceso completo de hacer un juego. A través de estas secciones anteriores, puede explorar cómo puede usar Scratch para crear su propia calculadora que puede admitir diferentes operaciones y funciones. En este punto, podemos decir que está familiarizado con la información más básica que necesita para hacer algunos scripts más complicados. Aún así, es un largo camino antes de que pueda escribir programas avanzados. En el siguiente capítulo, hablaremos más sobre algunas habilidades que mejorarán tú habilidad de programacio en Scratch, pero antes de eso, aquí hay algunos ejemplos que puedes usar para practicar las cosas que has aprendido hasta ahora.

En primer lugar, puede ver las operaciones matemáticas como 8x8, 88x88, 888x888, etc. y determinar si hay un patrón en estos productos. Para comprobar sus respuestas, utilice el comando "decir" y calcule los resultados con Scratch.

En segundo lugar, puede intentar calcularlos valores de las siguientes expresiones: 2 + (3 x 5); (12 / 3) – 4; 8 + (9 x 3) – 5; (3 + 4) a 5; 6 + (3o (8 – 5)); (12 – 6) á (3 + 2) / 3; 6o (6 + 5) – 3o (2 + 4) (7 + 13) mod 5; 4o (14 mod 4; 6 + (18 mod 6) – 4. Una vez que calcules esto, el comando debe "decir" de nuevo, y comprobar sus resultados en Scratch.

La tercera tarea que puede hacer para comprobar cómo funciona Scratch con funciones matemáticas es intentar calcular valores como el seno de 6Oo, por ejemplo, o la raíz cuadrada de 45, y luego comprobar si los valores son los mismos en Scratch cuando se ejecuta el comando "decir". También puede intentar redondear algunos números o crear bloques funcionales que calcularán el promedio de números como 80, 85, 88, etc. Cada vez, usará el comando "decir" para mostrar el resultado.

Si desea probar algunas tareas más complicadas, puede intentar crear bloques de funciones que convertirán Fahrenheit a Celsius. Digamos que quieres convertir 70 Fahrenheit en Celsius. Tenga en cuenta que Celsius (5/9) x (Fahrenheit – 32). O puede intentar crear bloques de funciones que calcularán el área de un trapecio. Digamos que la altura de ese trapecio es de 5/7 pies y que la base del trapecio tiene longitudes de 4/8 y 21/8 pies. Recuerde que la fórmula debe ser de A a 0,5 x (b1 +b2) x h. En este caso, b1 y b2 se refieren a las longitudes de la base y h se refiere a la altura del trapecio.

Si desea crear bloques que implican fórmulas de la física en lugar de sólo matemáticas, puede intentar crear un bloque de función que calculará la fuerza que necesitaría para acelerar un coche de2.300 kg 4m / s2. Recordatorio: la fórmula para calcular la fuerza es la masa multiplicada por la aceleración.

Capítulo 2

Dibujo y Movimiento en Scratch

Ahora que estás familiarizado con la interface web en Scratch avanzaremos y hablaremos de más herramientas de programación que puedes utilizar. A través de este capítulo, discutiremos los comandos de lápiz y el movimiento en Scratch, exploraremos la función de animación y veremos cómo los sprites se pueden animar y mover alrededor del panel de edad st; hablaremos sobre patrones de dibujo si son geométricos, artísticos o algo más, y trataremos de explicar por qué la herramienta de clonación es un activo valioso que puede utilizar durante la programación.

Esta parte de la guía se centra más en la creatividad del lenguaje de programación Scratch, lo que significa que utilizaremos principalmente los gráficos informáticos en lugar de los patrones operativos que los respaldan.

Comandos de movimiento en Scratch

Una vez que empieces a crear tus propios programas animados o juegos, necesitarás saber cómo usar bloques de la categoría de movimiento. Estos bloques ordenan que los sprites se muevan por el panel del escenario mientras le permiten establecer la forma exacta y el punto en el que desea mover el sprite. Esta sección discutirá con más detalle como puede dar estas instrucciones particulares y colocar los sprites en un lugar determinado o simplemente hacer que se muevan en una dirección particular.

Comandos de movimiento absoluto

Si recuerda del capítulo anterior, la proporción más común del panel de etapa es de 48cuadrículas 0x360 en forma de rectangular. El centro del escenario está configurado para estar en el punto etiquetado 0, 0. En Scratch, tiene cuatro comandos que se consideran comandos de movimiento absoluto. Esos son: deslízate a; ir a; establezca x en y establezca y en. Estas instrucciones indican al sprite exactamente dónde deben colocarse en la cuadrícula que mencionamos anteriormente. Si desea obtener más información sobre otros bloques de esta categoría, puede utilizar las puntas de rasguño que se encuentran en el lado derecho del panel de scripts. En caso de que no lo encuentres, lo más fácil es hacer clic en el signo de interrogación cerca del editor del proyecto y encontrar toda la información adicional que necesitas.

Para una mejor comprensión de estos comandos, supongamos que desea hacer que el sprite de avión se mueva y golpear el objetivo en forma de círculo que colocó en la cuadrícula. La ubicación del objetivo se coloca en 250 en la coordenada x y 200 en la coordenada y. La forma más sencilla de hacerlo es encontrar el bloque "ir a" y usar las coordenadas x e y para indicar a su sprite a dónde debe moverse. Dado que aún no ha programado su avión para golpear el objetivo, simplemente se moverá a lo largo de la línea que está conectado a su posición actual, lo que significa que se moverá a lo largo desde el punto 0,0 hasta el punto con las coordenadas 250, 200. Si desea reducir la velocidad de su sprite avión puede hacerlo mediante el comando de deslizamiento en lugar de ir a porque son casi idénticos, sin embargo, el comando de deslizamiento le permite establecer el tiempo que desea para que el avión llegue a lo previsto. Esto nos lleva a nuestro siguiente paso: hacer que el avión llegue al objetivo.

Golpear el objetivo se puede establecer cambiando de forma independiente las coordenadas x e y para el sprite de avión. Utiliza el mismo principio que usamos cuando hablamos de establecer x coordenadas en nuestro ejemplo de juego de Pong. La cosa es que siempre se puede acceder a la posición del sprite en el sistema de coordenadas utilizando el área de scripts y si desea mostrar esa información en el escenario sólo puede utilizar los bloques de reportero que hemos mencionado anteriormente. Y si hace clic en las casillas de verificación que aparecen junto al reportero, aparecerán los valores de los sprites en el escenario.

Tenga en cuenta que todos los comandos de movimiento funcionan utilizando un centro de sprites como referencia. Ya hemos mencionado que c un conjunto este centro utilizando el editor de pintura incorporado Scratch. Por ejemplo, puede enviar un sprite a la posición con las coordenadas XY 150, 150 y, a continuación, mover el sprite para que su centro se coloque en esas coordenadas en lugar de 0,0 por defecto. Este significa que se puede experimentar mucho con los sprites y sus movimientos, pero siempre prestar atención a su centro.

Comandos de movimiento relativo

Para el movimiento relativo, vamos a utilizar el avión y el objetivo de nuevo, pero esta vez vamos a suponer que no se pueden ver las coordenadas exactas de los sprites por lo que no se puede determinar su posición precisa. Esto significa que usted tiene que utilizar otro sistema para decirle al avión dónde y cómo moverse para golpear el objetivo. Por ejemplo, puede hacer un comando que el sprite necesita para mover nuestros pasos a continuación, para girar a la izquierda y mover 5 pasos hacia adelante, o algo similar. Una vez que utilice comandos como "turn" o " move" significa que está utilizando los comandos de movimiento relativo en Scratch. El primero que usamos anteriormente, el comando " move", le dice a su sprite que suba mientras que el comando "turn" hizo que fuera dejado en el proceso. Estos movimientos dependen de la ubicación actual del sprite. Si desea hacer que su sprite vaya hacia una dirección específica, puede hacerlo utilizando el punto en el comando de dirección y elegir derecha, izquierda, arriba o abajo. Un clic en la dirección deseada desde el menú desplegable que aparece y su sprite seguirá. Si desea ordenar algunas otras direcciones, debe agregar un valor numérico al área blanca del cuadro edit. En este caso, incluso puede utilizar valores numéricos negativos. Por ejemplo, intente escribir 25 o -210, ambos números apuntarán su sprite para moverse al noreste en el panel del escenario.

Tenga en cuenta que puede encontrar la dirección actual del sprite en la información área junto con otra información relevante. Además, puede determinar la posición del sprite haciendo clic en la casilla de verificación que aparece junto al bloque de dirección en la categoría de movimiento. Le mostrará exactamente dónde se encuentra el sprite en el panel del escenario. Ahora que explicamos los conceptos básicos de los comandos de movimiento relativo, podemos ver cómo funcionan en el ejemplo práctico. Tenga en cuenta que al igual que con el movimiento absoluto, hay para los principales comandos de movimiento relativo. Estos comandos son: gire y muévase que ya hemos mencionado, y además tenemos cambiar x by y cambiar y por comandos. Por lo tanto, si queremos mover el avión, primero determinaremos su ubicación actual. Luego alinearemos el centro del plano con el centro del escenario usando los bloqueos ben el editor que mencionamos anteriormente. Después de esto, usaremos otro bloque para ordenar nuestro sprite de avión para subir, y luego el tercer bloque para ordenar el sprite para girar 60 grados en el sentido de las agujas del reloj, por ejemplo. Entonces podemos ordenar al sprite que se mueva hacia ella haciendo 80 pasos hacia adelante y retroceder 30 grados en sentido contrario a las agujas del reloj antes de detenerse en esa posición.

Disfraces y direcciones

La posición del traje de Sprite es desconocida para el comando de dirección. Digamos que usamos dos trajes de sprites que dibujamos. El abeto es un traje de un pájaro, y el segundo es un insecto que se enfrenta a ese pájaro. Ahora, intente ordenar ambos sprites usando el bloque que el punto derecho (o dirigir 90 grados). Verás que ni el pájaro ni el insecto sprite giraron a pesar de que el insecto mira a la derecha. Esto sucedió porque aunque la dirección "derecha" se conoce como girar 90 grados la dirección realmente apuntaba a la orientación original del traje que dejamos en el editor de pintura cuando dibujamos los sprites. Si quieres asegurarte de que los disfraces siguen los comandos correctamente, necesitas dibujar disfraces que sean compatibles con su posición en el editor de pintura y en el panel del escenario. Su proyecto puede requerir sólo movimiento horizontal o vertical desde su posición actual. Aquí es donde se utilizan bloques XY y se cambia el valor numérico en ellos. Por ejemplo, desea mover el sprite de avión al centro del panel del escenario. En primer lugar, puede cambiar las coordenadas X y ordenar su sprite para ir 60 pasos (en este caso a la derecha) y luego cambiar el valor Y a 60 también, haciendo que su sprite suba 60 pasos hacia arriba. Todos los demás comandos para el movimiento en Scratch se basan en el mismo principio, y si desea rastrear cómo se movió el sprite, puede comenzar determinando su destino final y volviendo a los pasos.

Otros comandos de movimiento que puede utilizar

Puesto que ya hemos mencionado la mayoría de los comandos de movimiento que Ofrece Scratch, sólo quedan cuatro por mencionar. Estos comandos son rebote; si en el borde; el segundo tipo de ir al bloque y establecer el estilo de rotación.

Los estilos de rotación se mencionaron anteriormente en el primer capítulo junto con el comando bounce que usamos para escribir el código adecuado para el sprite de bola en el ejemplo de juego de Pong. Por lo tanto, para ver los dos comandos restantes en acción vamos a tratar de hacer un programa simple en el que vamos a hacer que el gato persiga la pelota en lugar de la pelota rebotando fuera de la paleta. Por lo tanto, tenemos dos sprites- gato y la pelota, por lo que tenemos dos guiones que tenemos que hacer. Igual que antes, en primer lugar es necesario hacer clic en la bandera verde y el sprite en forma de bola seguirá el cursor del ratón. El sprite gato debe apuntar continuamente en la dirección de la pelota y se puede utilizar el comando de bloqueo de deslizamiento para lograr eso. Por supuesto, tendrás que usar el bloque forever de la categoría de control y los bloques XY del ratón de la categoría de mensaje para que todo funcione correctamente. Tómese su tiempo e intente hacer esto tantas veces como necesite, y si tiene alguna pregunta adicional, no olvide hacer clic en el signo de interrogación.

Comandos dibuja fácil y lápiz en Scratch

En esta sección, exploraremos la paleta de rotulaciones y discutiremos con más detalle cómo puede hacer que su sprite deje un rastro de su movimiento que se puede ver. Los comandos de movimiento que explicamos anteriormente pueden mover el sprite en la dirección deseada en cualquier punto de la cuadrícula del escenario, sin embargo, hay una manera de ver la ruta que el sprite deseado viajará. Para que esto suceda, necesitará saber cómo utilizar un comando de lápiz en Scratch. Lo que no mencionamos antes es que cada sprite en el escenario tiene un bolígrafo invisible conectado a él. Este bolígrafo se puede ubicar hacia arriba o hacia abajo, dependiendo del sprite. Si el lápiz está por debajo del sprite, el trazado se dibujará junto con el movimiento del sprite. Por el contrario, el sprite puede viajar desde place para colocar en la rejilla sin dejar rastro de sus movimientos. El comando pluma le permite controlar el tamaño del lápiz, el color del trazado y si desea utilizar una sombra o no.

Para obtener más consejos, puede abrir la ventana Consejos, encontrar el icono de la casa y hacer clic en el lápiz para todos los comandos y sus breves descripciones. Encontrará los scripts que muestran la mayoría de esos comandos, por lo que puede practicar recreándolos, ejecutándolos e intentar describir todas las salidas que obtiene de ellos. Recuerda que necesita para establecer el lápiz para que se encuentra debajo del sprite si desea ver su ruta. La forma más fácil de hacerlo es encontrar el bloque adecuado en la paleta de control.

Podemos buscar más detalles para algunos de los comandos de la pluma y luego tratar de crear una aplicación simple que dibujará imágenes mientras el sprite se mueve. Esta vez usaremos las teclas de flecha para mover los sprites.

Supongamos que cada vez que presiónela flecha hacia abajo () , el sprite volverá 20 pasos, y si presiona la flecha hacia arriba (), el sprite seleccionado irá 20 pasos hacia adelante. Además, cada vez que utilice las flechas de la tecla izquierda y derecha ()) ()), el sprite se moverá 20 grados a la izquierda o 20 grados a la derecha. Esto significa que si desea que su sprite gire 120 grados a la izquierda, por ejemplo, tendrá que presionar la flecha izquierda 6 veces.

Una vez más, vamos a intentar hacer un ejemplo práctico para probar todos estos comandos. En primer lugar, abre un nuevo proyecto de la misma manera que lo hiciste cuando intentaste hacer un juego de Pong. A continuación, reemplace el sprite en forma de gato con cualquier otro sprite que desee, el único requisito es que el traje tiene que mostrar claramente en qué dirección está apuntando. Puede elegir algo de la carpeta animal, por ejemplo. Como antes, encontrarás la pestaña de disfraces, luego haz clic en el traje elegido de la opción de biblioteca y selecciona el traje que quieras. El siguiente paso es agregar guiones a ese traje. Utilice la paleta de eventos para crear los bloques de comandos para cuatro teclas y la tecla de espacio de programa para tener una función de bloqueo del script. Una vez que termine esto es, haga clic en la bandera verde, como de costumbre, el script comenzará a ejecutarse y el sprite se moverá al centro del panel del escenario y el sprite apuntará hacia arriba. Aquí es donde usted necesita para establecer el tamaño y el color de la pluma tienen que ser establecidos y usted necesita para asegurarse de que la pluma se coloca debajo del sprite. Ahora, el sprite está listo para dibujar el trazado mientras se mueve, y todos los demás dibujos se eliminaron. Y cuando quieras hacer un nuevo dibujo, simplemente despeja el escenario y comienza el siguiente usando la bandera verde. Puedes usarlas flechas keyboard para indicar al sprite que dibuje la forma que quieras. Pruebe diferentes combinaciones, o agregue alguna variación utilizando diferentes colores y tamaños de la pluma. Consejo: puede utilizar métodos abreviados de teclado para hacer el lápiz más ancho (presione W) o más estrecho (presione N).

El Poder de la replicación de scripts

Los programas que hemos intentado crear hasta ahora han sido simples, pero a medida que empiezas a hacer scripts más complicados a menudo tendrás que replicar la misma pila de bloques que se rompió juntos, incluso varias veces seguidas. Hacer guiones dobles hace que el script sea más largo, por lo que es más difícil de comprender. Esto significa que en algún momento, podría ser difícil incluso experimentar con él. Y si tienes que cambiar cualquiera de los valores en el código, tienes que hacer el mismo cambio en cada copia del código que has hecho hasta ahora. Aquí es donde entra el comando repita y le ayuda con este tipo de problema. Puede encontrarlo en la paleta de control. Por ejemplo, supongamos que desea dibujar un rectángulo y desea que siga las instrucciones repetitivas. Estas instrucciones pueden ser mover 30 pasos hacia adelante y luego girar 120 grados en el sentido de las agujas del reloj, por ejemplo. A continuación, el sprite puede mover los siguientes 30 pasos y girar 120 grados en el sentido de las agujas del reloj de nuevo. A continuación, repita lo mismo una vez más, y así sucesivamente. Esto significa que tendrá que usar scripts que implementen estas instrucciones repetitivas. Tenga en cuenta que el sprite se mueve de la misma manera tres veces seguidas. Puede evitar agregar los mismos bloques de nuevo y utilizar el bloque de repetición que le ordenará al sprite que se mueva de la manera que desea formar tantas veces como necesite. Los bloques repetidos le ayudan a entender mejor lo que sucede dentro del programa y cómo utilizar scripts incluso cuando son largos.

Puede practicar esto modificando la forma del sprite, por lo tanto sus scripts. Para el principio, la forma más fácil es dibujar cuadrados u otros polígonos. Tenga en cuenta que puede sustituir cualquier número (sólo los números enteros) en estas versiones de script modificadas cuando se trata del número de tamaños. De esta manera usted puede determinar el shape de su sprite. Además, puede cambiar cualquier valor para cambiar la longitud del sprite y de esa manera puede controlar su tamaño. Además, puede utilizar scripts repetitivos para crear varios polígonos del mismo tamaño. Si desea colocarlos de forma diferente, puede hacerlo apuntando la flecha verde al lugar en el que desea colocarlos. Por último, puede utilizar el archivo denominado polygon.sb2 y agregar valores diferentes al número de campos secundarios. Al ejecutar el archivo, preste atención a lo que sucede con los sprites en el panel del escenario.

Cuadrados girados en Scratch

Si tiende a crear formas más artísticas, también puede hacerlo mediante el uso de una secuencia determinada y patrones repetitivos. Por ejemplo, puede crear un dibujo cuadrado y girarlo 14 veces, por ejemplo. Utilice el block que colocará la pluma debajo del sprite e inicialícela. Después, debe utilizar el bloque de repetición que se encuentra fuera del sprite y ordenarle que repita el dibujo 14 veces. El comando adicional es que cada vez que el lápiz está dentro de este bucle debe dibujar un trazado cuadrado y cuando gira a la izquierda (digamos 30 grados) debe girar a la derecha (o a la izquierda si lo prefiere) y prepararse para dibujar el siguiente trazado de forma cuadrada del sprite. Tenga en cuenta que puede cambiar el número de repeticiones y el tamaño de los ángulos y ajustarlo a sus propias preferencias. Puede experimentar con diferentes valores en ambas categorías y observar lo que sucede con el sprite y sus movimientos.

Cómo usar formas de sprites más complicadas en Scratch

En la sección anterior, aprendió sobre los bloques de repetición y cómo usar formas simples incluso en patrones de código más complejos. Puesto que ahora está familiarizado con ese concepto, en el siguiente texto vamos a utilizar una estrategia un poco más complicada. Intentaremos hacer nuevos trajes en el editor de pintura y usaremos bloques de sello que nos ayudarán a hacer múltiples copias de ese sprite en el panel del escenario. Para una mejor comprensión, comencemos inmediatamente dibujando un sprite en la forma del molino de viento.

En primer lugar, intente dibujar la forma de la bandera en el editor de pintura y úsela como un sprite en su nuevo proyecto Scratch. Luego estableces el centro de tu traje (ya discutimos la importancia de esto en el primer capítulo). El centro debe estar en la punta inferior de la bandera dibujada para que el sprite pueda girar alrededor de ese punto. El siguiente paso es usar el script que dibujará los sprites en forma de molino de viento. El comando se establece en el bloque de repetición que tiene para estampar la copia de un traje nueve veces, por ejemplo. El siguiente comando es que cada copia tiene que ser un sprite girado durante un cierto número de grados (digamos 45 en este caso) antes de que aparezca en el panel del escenario. Para que este script sea funcional, debe utilizar un bloque para el estilo de rotación en combinación con el conjunto de estilos de rotación. Sin hacer eso, las banderas no podrán voltear mientras giran. También puede probar el cambio de los efectos de color eligiendo algunos de los bloques de la paleta de aspectos. Estos bloques le permiten elegir diferentes gráficos como ojo de pez o torbellino, por ejemplo. Al abrir el archivo windmill.sb2, puede agregar uno de estos comandos al bloque de repetición. Elige otros efectos si quieres y experimenta con ellos para hacer patrones más geniales que luego puedes aplicar en algunos otros proyectos.

Si desea explorar más acerca de estas características de Scratch, puede utilizar la información de "recursos adicionales" - un paquete que se puede descargar desde el sitio web de nostrach.com. Dibujar formas geométricas explicadas hay mucho más detallado de lo que se puede encontrar aquí, ya que esto es principalmente un guie para principiantes. Si, sin embargo, quieres probar a dibujar formas más complicadas como trapezoides, cometas, paralelogramos, etc, ¡no dudes en probarlo todo el tiempo que quieras!

Nuevos ejemplos de proyectos que puede completar en Scratch

Ahora que ya hemos pasado por algunas cosas más complicadas podemos intentar desarrollar programas más completos. En lugar de crear una, esta vez nos centraremos en crear dos aplicaciones diferentes que te ayudarán a incorporar todo lo que has aprendido hasta ahora, especialmente con respecto a las pen blocks y bloques de movimiento.

Incluso si algunas cosas que mencionaremos no aparecieron en los temas que tratamos hasta ahora, las explicaremos en algunos de los próximos capítulos. Además, si crees que necesitas más información, puedes utilizar el sitio web que siempre utilizamos como referencia y encontrar todo lo que necesitas (el sitio web está nostrach.com).

La primera aplicación

El primer programa que intentaremos completar es un juego más con un concepto simple: el jugador tiene que utilizar flechas clave para mover el sprite y recoger bags de oro. El objetivo del juego es recoger tantas bolsas como puedas y si no puedes agarrar la bolsa en los tres segundos, por ejemplo, esa bolsa desaparece y otra aparece en alguna otra ubicación de la cuadrícula. La ubicación de las bolsas debe ser aleatoria en este caso. Tendrás que abrir el archivo llamado money_nocode.sb2, y aunque el archivo no tenga scripts automáticos que puedas ejecutar inmediatamente, los crearás y este archivo tiene todo lo que necesitas una vez que escribas el script apropiado para tu juego.

Por lo tanto, debe escribir el script que moverá el sprite a ciertas coordenadas y apuntarlos a la dirección que desea. En este caso, estableceremos las coordenadas en -40,/40 y el sprite apuntará a la derecha. Los cuatro scripts restantes deben responder a cada tecla de flecha que el jugador utiliza por separado. Esto significa que cuando un jugador presiona una tecla, el script que corresponde con esa flecha cambia la dirección del sprite mientras se reproduce un sonido que se pueden ser adicionalmente (como ya sabes, los bloques de sonido se encuentran en la paleta de sonido y la mejor opción es utilizar sonidos de la biblioteca scratch por ahora). La flecha también debe tener un valor numérico añadido a su dirección, lo que significa que si un reproducción presiona la flecha izquierda, el sprite se moverá a la izquierda e irá 50 pasos, por ejemplo. El siguiente comando de movimiento que incorporará es el comando en el que el sprite tiene que rebotar fuera del panel del escenario. Digamos que 50 pasos del sprite son aproximadamente los mismos que un cuadrado en la cuadrícula del panel del escenario. Si usamos esta analogía, significa que cada vez que el jugador presiona y la tecla de flecha el sprite se moverá para un cuadrado en lugar de 50 pasos.

Una vez que haya terminado de escribir esta parte del juego debe probarlo un par de veces. Si el sprite se mueve alrededor del escenario cada vez que usted (o en este caso el jugador) presione la flecha del teclado significa que ha hecho todo correctamente hasta ahora. La siguiente fase es hacer el sprit de oro y su script, que debería comenzar al hacer clic en la bandera verde. Este script se supone que mueve el sprite de oro alrededor del panel del escenario y para rastrear cuántas bolsas el jugador recogió. Aquí hay una cosa nueva: el seguimiento del número de bolsas de oro recogidas requiere una variable que se denomina "puntuación" y se puede encontrar en la categoría de datos.

Tenga en cuenta que todas las etiquetas que son similares a la puntuación que tenemos en esta aplicación se denominan variables. Estas etiquetas le permiten almacenar información que puede usar más adelante en sus proyectos. Hablaremos más sobre ellos en los próximos capítulos. Cuando un jugador comienza un juego, no tiene ninguna bolsa recogida, lo que significa que su puntuación es cero, por lo que establecemos la variable para comenzar con ese número. El siguiente paso es iniciar un bucle que se repetirá para vamos a decir 30 veces. Esto significa automáticamente que el número de bolsas que el jugador verá y tratará de recoger es de 30. Cada vez que ejecutas el bucle aparece un nuevo sprite de oro y da la hora que seleccionaste al jugador para recogerlo. Dado que ya dije que las ubicaciones de las bolsas de oro son al azar, es importante tener en cuenta que con cada bolsa recogida la puntuación del jugador aumenta. Para que las bolsas aparezcan en ubicaciones aleatorias, debe establecer sus valores de posición a su gusto. Digamos que las posiciones que ingreso son -200, - 140, -80, 220, etc., ya que todos estos números están espaciados a 50 pasos de distancia se puede encontrar la posición de las bolsas si se calcula utilizando el siguiente patrón: x -200 + (0x50); x -200 + (1x50); x -200 + (2x 50); x -200 + (3x 50); x -200 + (4x50); x -200 + (5x 50) y así sucesivamente.

El mismo principio se aplica si desea calcular el valor de Y. Esto significa que podemos establecer la posición x del sprite de oro usando números aleatorios entre 0 y 4 en este caso, multiplicar esos números por 50 y agregar el resultado a -200.

Para crear un conjunto x para la aplicación, debe construir el bloque x de forma similar. La bolsa de oro tiene que aparecer en un lugar aleatorio, pero recuerde que usted necesita darle al jugador un poco de tiempo para atraparlo. La cantidad de tiempo que establezcas definirá el nivel del juego haciendo que sea más difícil o más fácil de jugar. Si desea agregar una función de tiempo de seguimiento, debe restablecer el temporizador del script a 0. Este temporizador ya está construido en el Scratch por lo que no es necesario programarlo separadamente. Una vez que restablezcas el temporizador, esperará hasta que el tiempo supere el límite que le diste o hasta que el jugador coja la bolsa dorada. Independientemente de la condición que se cumpla, el bloque denominado "esperar hasta" permitirá que el script en ejecución ejecute "if/then". Esto significa que todos los bloques que se establecen dentro del bloque condicionado "if/then" solo se activarán si se cumple la condición especificada. En este caso, el bloque mencionado se ejecutará si el jugador toma la bolsa de oro cambiando la puntuación que importó de la paleta de datos y añadiendo un punto por bolsa a él.

Con este último paso, ha completado esta solicitud. Haga clic en la bandera verde para probarlo unas cuantas veces más, por si necesita hacer algunas correcciones.

Antes de seguir hablando dela segunda aplicación en esta parte de la guía, vamos a decir algunas cosas sobre el temporizador Scratch primero. Como ya hemos mencionado, Scratch tiene un temporizador incorporado que puede grabar y ahorrar la cantidad de tiempo que ha pasado desde que inició el programa. Por ejemplo, cuando abre Scratch en su navegador web y aparece la interfaz web, el temporizador se establece en cero. Este número aumentará cada segundo mientras mantenga Sin rasguños abierto en el navegador. Si desea bloquear el temporizador tendrá que ir a la paleta de sensores y encontrar su valor numérico actual. Una vez que abra esta función, la casilla de verificación aparecerá en la pantalla y le permitirá mostrar u ocultar el monitor del bloque del temporizador en el panel del escenario. Si desea restablecer el temporizador que tiene que utilizar el bloque de restablecimiento, que devolverá el temporizador a cero y luego de nuevo empezar a contar nuevo tiempo. El temporizador de Scratch puede funcionar incluso si el proyecto deja de ejecutarse en algún momento.

La segunda aplicación

En esta sección, intentaremos completar otro juego. El concept de este juego es similar al primero porque se basa en el jugador que atrapa las manzanas. Aún así, en esta versión, las manzanas aparecerán en posiciones horizontales en la parte superior del panel del escenario. Aparecerán en posiciones aleatorias y al azar. El jugador tiene que coger las manzanas usando el sprite carro antes de que las manzanas golpeen el suelo. Cada manzana que un jugador atrapa vale un punto.

Al principio, puede parecer que necesitará demasiados sprites que tienen scripts casi idénticos porque hay un montón de manzanas. Sin embargo, la versión del Scratch que usamos en esta guía tiene algo llamado una característica de clonación. Con esta característica, puede crear tantas copias de los sprites como necesite. Para el juego que está tratando de crear ahora, utilice un sprite en forma de manzana y, a continuación, cree la cantidad de clones que desea. El siguiente paso es abrir el archivo llamado catchapples_nocode.sb2, que tiene configuraciones con variables sin los scripts como en el juego anterior. Establecer la variable de puntuación se basa en el mismo principio que con el juego de bolsa de oro para que pueda usarlo para realizar un seguimiento del número de manzanas que el jugador recoge. Aún así, antes de hacer eso, tienes que hacer un script que se corresponda con el sprite de carro.

Como con cada guion, todo comienza con la bandera verde. Al hacer clic en él, mueva el sprite en forma de carro a la parte inferior del panel del escenario. El script debe comprobar constantemente la flecha izquierda y derecha y si se mueven junto con el carro. Puede utilizar valores diferentes para el número de pasos que desea mover el carro con una pulsación de una flecha. La siguiente fase es el proceso de clonación. Puede comenzar agregando el script adecuado al sprite en forma de manzana y luego ejecutarlo haciendo clic en la bandera verde.

Similar, a el primer juego, la puntuación al principio es cero, ya que el jugador todavía no atrapó ninguna manzana. Para hacer visibles los sprites, tendrás que ir a la paleta de looks y elegir el bloque de espectáculos. A continuación, tiene que iniciar el bloque de repetición que loop el sprite para el número de veces que ha establecido. Cada vez que pasa un bucle, el sprite de manzana se mueve a otra posición horizontal establecida aleatoriamente en la parte superior del panel del escenario.

A continuación, debe llamar a un bloque desde la paleta de control denominada "crear clon", por lo que el sprite debe clonarse a sí mismo el número necesario de veces. Después de cada clon, el sprite espera un tiempo corto establecido aleatoriamente y, a continuación, continúa con la siguiente ronda utilizando el bloque de repetición. Cuando el sprite termina todas las rondas que establezca (digamos que el comando era hacer 20 manzanas) aparece un nuevo script y utiliza los bloques de ocultación de la categoría looks para ocultar el sprite de manzana. Aún así, si ejecuta la aplicación en este punto, sólo obtendrá 20 manzanas en las posiciones aleatorias en la línea horizontal del panel de etapa porque todavía no ha instruido a los clones lo que tienen que hacer.

Cuando vaya a la paleta de control y elija el bloque de clonación, debe establecer un script que ejecutará cada clon. Por ejemplo, puede establecer que cada clon (o en este caso apple) baje 20 pasos y, a continuación, compruebe si no lo ha dicho o no. Si la manzana detectó que está tocando el carro, el script se ejecutará cuando la manzana fue capturada. Esta acción aumenta la puntuación del jugador en consecuencia y reproducir es un sonido (recuerde establecer uno usando los sonidos de la biblioteca de sonido scratch) y una vez cuando es capturado se elimina a sí mismo porque su trabajo está hecho. Por otro lado, si la manzana no toca el carro y cae en otro lugar, debe reproducir un sonido diferente para que el jugador pueda reconocer que se perdió y luego otra vez-

eliminarse a sí mismo. Cuando la manzana viaja desde la parte superior del panel del escenario hasta el fondo, significa que no se pierde ni se atrapa, lo que significa que debe incluir el bloque forever, que se ejecutará en esta situación. Una vez que haya terminado de hacer caer sprites en forma de manzana, ha completado con éxito otra aplicación. Como de costumbre, usted debe probarlo haciendo clic en la bandera verde y observando si todo va como planeado. Siempre puedes añadir más características, cambiar colores, valores, sonidos y muchas otras cosas que pueden hacer que el juego sea más interesante.

Un poco en Sprites Clonados

Todos los sprites utilizados en Scratch pueden copiarse a sí mismos u otros sprites usando el block llamado "create clone" que mencionamos en la sección anterior. Es importante recordar que incluso el panel de etapa puede clonar sprites en el mismo principio y usar el mismo bloque. Ten en cuenta que el sprite clonado tiene todas las características del original, lo que significa que mantiene la posición original, el traje, la dirección, el tamaño y el color del lápiz, la visibilidad, incluso los efectos gráficos y todas las demás características que se te ocurran. El sprite original también se conoce como el sprite maestro y cada clon hereda el mismo script que el sprite maestro. Hagamos dos clones del sprite maestro. Si presionas la barra espaciadora todos los sprites (ahora son tres de ellos: master sprite + 2 clones) ejecutarán el mismo comando. Si pulsa la barra espaciadora significa que el clon maestro tiene que girar 30 grados, en este caso, todos los sprites harán lo mismo porque todos tienen el mismo comando en sus scripts. Preste atención cuando utilice bloques de clonación si el script no se inicia inmediatamente al presionar la bandera verde o puede suceder que el bloque cree más clones. Por ejemplo, si presiona la barra espaciadora una vez y el comando es hacer dos clones cuando se presiona este botón, la segunda vez que presione la barra espaciadora tendrá cuatro clones (o cinco sprites en total: un maestro y cuatro sprites de clon). Esto sucede porque el sprite maestro siempre responde a la tecla de barra espaciadora que le ordena crear un clon, y como sus clones tienen el mismo script, la segunda pulsación del botón es un comando que hacen un clon de su clon y así sucesivamente. El número de clones siempre crece exponencialmente, pero puede limitarlos clonando solo aquellos, que tienen la bandera verde haciendo clic en el cuadro junto a ellos.

Este capítulo tenía un propósito para explorar el movimiento de los sprites usando varios tipos de comandos. En primer lugar, vimos cómo funciona el control de movimiento absoluto, luego tuvimos la oportunidad de aprender más acerca de los comandos de movimiento relativos que le permiten mover sprites con respecto a su dirección o posición. Había una gran cantidad de ejemplos en los que se podía practicar cómo dibujar utilizando los comandos de lápiz y experimentar con diferentes bloques como el bloque de repetición que le ayuda a crear códigos más largos y más complicados. Además, hemos discutido algunas formas y patrones más avanzados que puede usar para su mejora de la programación. Al final, le guiamos a través de la creación de dos aplicaciones completas mientras discute un nuevo tema: el bloque "crear clon" de Scratch. El siguiente capítulo estará dedicado a algunas otras características atractivas de este lenguaje de programación.

Capítulo 3

Paleta de Looks y Sonidos en Scratch

En este capítulo, tendrá la oportunidad de aprender más acerca de los comandos que se pueden encontrar en las categorías de aspecto y sonido. Además, como en todos los demás capítulos, tendrás muchos ejemplos prácticos que te permitirán crear nuevos proyectos en Scratch. Después de pasar por cada tema de esta parte de la guía podrás usar efectos de imagen y crear tu propia animación; usted entenderá cómo las capas opercomió en Scratch; usted sabrá cómo componer música y reproducir archivos de sonido en Scratch y por último, pero no menos importante, le guiaremos a través de otro conjunto de aplicaciones completas, esta vez vamos a utilizar animaciones en lugar de juegos. Al entrar en el look palette verás los comandos que te permitirán crear efectos gráficos como ojo de pez, torbellino, etc. y luego aplicar esos gráficos a los disfraces o fondos de tus proyectos. Además, la paleta de sonidos le permite añadir voces preferidas, sonidos o música a cualquier aplicación que desee hacer. Algunos de los comandos de ambas paletas que ya ha utilizado en sus proyectos anteriores.

La paleta Looks en Scratch

Como usted sabe, los comandos de lápiz le permiten dibujar imágenes directamente en el panel del escenario. Sin embargo, los trajes pueden ser un activo mucho más potente para su proyecto y es una manera más fácil de agregar gráficos deseados a su aplicación o animación. Aquí es donde entra en la paleta de looks. Te permite manipular los trajes de tus sprites para hacer iones animados. Puede agregar varios efectos, crear burbujas habladas o de pensamiento o puede cambiar la visibilidad del sprite. En esta sección, exploraremos algunos de los comandos más utilizados en esta categoría.

Cómo hacer un traje animado

Hasta ahora, aprendió a mover uno o varios sprites de un punto a otro en el panel del escenario. Aún así, tener sprites estáticos no siempre es la mejor solución y a veces será más eficaz si puedes hacer que se muevan. Puedes cambiar eso y usar varios trajes diferentes, luego cambiarlos muy rápido. De esta manera parecerá que los sprites de su proyecto se están moviendo. Puede probar esta característica abriendo el archivo denominado animation.sb2.

Este archivo de aplicación tiene un sprite con siete meses diferentes adjuntos a un script. Cuando empieces a ejecutar la aplicación, los siete trajes aparecerán en la pestaña de disfraces y se pueden encontrar siete guiones siguientes en el área de scripts del sprite. Al hacer clic en la bandera verde, se activa la aplicación, lo que significa que la figura (en este caso en forma de palo) aparecerá en el panel del escenario y se verá como su caminar. La razón por la que este sprite palo se ve así es el conjunto de comandos para cada traje. También instruye al sprite para poner todos los trajes en la lista, cambiarlos rápidamente y pasar al primer traje de la lista. Una vez que haga clic en la bandera verde, el script activado utiliza el bloque forever para el bucle y espera un bloque para el retraso después de cada cambio de vestuario. Este retraso es usualmente fijado a ser 0.1 segundos. Si quieres hacer que tu sprite corra, simplemente elimina este retraso y los trajes cambiarán al instante, lo que producirá el efecto de correr. Puedes tomarte tu tiempo y experimentar un poco con los valores del bloque de espera junto con uno que ordena que los trajes se muevan. Observe cómo estos cambios afectan a la animación del sprite y elija el que más le guste. Aunque dibujar un palo no es complicado y podrías haberlo hecho sin usar la pestaña de disfraces y se ve amigoette, el código que necesitarías para el mismo efecto requeriría mucho más esfuerzo y sería más largo. Por el contrario, cuando se utilizan trajes, la programación de su animación no es tan difícil.

Si quieres hacer tu sprite más interactivo, puedes hacerlo cambiando su traje para que pueda responder a un clic del ratón. Tomaremos el ejemplo de la aplicación "Click on face" que puedes encontrar en Internet. En Scratch, esta aplicación tiene un solo sprite llamado "cara", y tiene cinco trajes que están conectados a ese sprite. Este sprite está codificado para usar el bloque "when this sprite clicked" que se puede encontrar en la paleta de eventos e indica al sprite cuándo debe cambiar el siguiente traje. Al iniciar esta aplicación, cada clic del ratón en la imagen cambia la cara. En términos generales, es un comando cambiar la imagen de una a otra y el clic del ratón la activa. Este script tiene una función adicional, que utiliza el bloque "to" de telón de fondo que indica al panel de escenario que cambie a uno de sus cuatro fondos aleatoriamente. Cuando el panel del escenario llega a su cuarta imagen, el sprite en forma de cara utiliza el bloque "interruptores para activar' del telónde fondo (también de la categoría derespiraderos electrónicos) y detecta esta situación. En ese caso, el sprite de cara viaja desde la parte superior del escenario hasta el centro del panel.

Puede probar utilizando algunas otras aplicaciones. Por ejemplo, puede abrir el archivo denominado trafficlight.sb2, que unlso tiene un sprite en la forma del semáforo, como su nombre indica. Pero esta vez hay tres trajes conectados al sprite y se corresponden con los colores verde, naranja y rojo. Puesto que este archivo tiene un script incompleto usted puede tratardei mplement el mismo principio de arriba y hacer que el semáforo funcione.

Ten en cuenta que puedes cambiar escenas o niveles de tu animación mediante el comando "cambiar telón de fondo". Recuerde que todos los sprites del proyecto pueden usar bloques como "use when the backdrop switches" para reconocer cuando el panel del escenario cambió el fondo, cambiando así el traje del sprite junto con él. Si necesita más detalles, siempre puede abrir la ventana Consejos que se encuentra en la interfaz web de Scratch.

Creación de sprites que piensan o hablan

Si quieres hacer que los sprites se vean aún más entretenidos puedes hacerles pensar y hablar como personajes en los cómics. Esto se puede lograr simplemente seleccionando comandos nombrados de la misma manera, y puede escribir cualquier frase que desee en áreas blancas de estos dos comandos. Después de terminar el comando, se mostrará un mensaje en una burbuja sobre el sprite al instante; y si desea borrar el texto sólo tiene que utilizar estos bloques con áreas de texto vacías. Hay una opción que te permiteestablecer un mensaje que se mostrará solo durante un cierto período detiempo. Por ejemplo, puede ordenar al sprite que ejecute el bloque say durante 10 segundos o piense en bloques para dos, etc. Si desea probar una simulación simple primero puede abrir elarchivo argue.sb2 y ejecutarlo. Esta aplicación muestra una pelea entre dos personajes en Scratch y se puede utilizar los scripts y tratar de hacer un tipo similar de conversación animada.

Efectos de imagen en Scratch

Si quieres añadir diferentes efectos gráficos a tusritos sp puedes hacerlo usando el bloque de efectos set que te permitirá aplicar diferentes fondos y disfraces. Ya mencionamos algunos de estos efectos, y en Scratch, tienen nombres como un fantasma, mosaico, torbellino, ojo de pez y así sucesivamente.

Ahora, si whormiga para aplicar un cierto efecto que necesita para hacer clic en la flecha hacia abajo primero. A continuación, tienes que usar el bloque "establecer efecto a" para elegir el que quieras en el menú desplegable. Además, puede utilizar el bloque "cambiar efecto por" para ajustar el efecto deseado, lo que significa que no tiene que configurarlo directamente. Por ejemplo, si eliges el efecto fantasma que tiene un ajuste actual a 40, cambiarlo por 60 haría que desaparezca del panel del escenario (al igual que se supone que los fantasmas deben hacer) y cuando quieras cambiar unaedad ima su configuración original tienes que activar el bloque "efectos gráficos claros" para hacerlo. Tenga en cuenta que no está limitado a utilizar un solo efecto en ese momento, puede establecer muchos efectos en un sprite. Sin embargo, esto significa que tendrá que utilizar varios comandos en una secuencia de efectos gráficos.

Tamaño y visibilidad de los Sprites

No es raro que necesites tener sprites de diferentes tamaños y apariencias cuando estés haciendo un programa. Por ejemplo, es posible que desee que algunos sprites miren más de cerca queotros, lo que significa que tienen que ser más grandes. O, en otro escenario de caso, puede utilizar sprites como instrucciones al principio del programa. Cambiar el tamaño del sprit es simple y directo. Ve a "establecer el tamaño en %" block y simplemente poner el número que necesita. El primer valor que se establece en este bloque es el tamaño original del sprite al introducir otro número significa que modificará el tamaño según sus preferencias. Si desea hacer que el sprite se vea más o menos visible, tendrá que utilizar hide block o show block en consecuencia.

Por ejemplo, abra el archivo denominado sneezingcat.sb2 y ejecute la aplicación. Verás todos estos comandos en acción presentados con un gato estornudo, como su nombre indica. Este gato cambia su tamaño mientras estornuda como en los dibujos animados, lo que significa que el tamaño del sprite en forma de gato crece mientras el gato se prepara para estornudar y después de sus estornudos, vuelve a su tamaño anterior. Usted puede tratar de añadir un efecto más dramático en el estornudo haciendo que el gato desaparezca después. La forma más sencilla de hacerlo es agregar un bloque al final del script.

Capas en Scratch

La paleta de looks tiene dos comandos más. Estos comandos afectan al orden de los sprites y a la forma en que aparecerán en el escenario. Este orden determina las prioridades de la visibilidad de sprites si se superponen. Digamos que quieres hacer una escena en la que un chico esté detrás de un árbol. Hay dos maneras de poner esta imagen en capas. Si quieres que el niño esté detrás del árbol, debes llevar el arbol a la capa frontal o enviar al niño a la capa posterior. En Scratch, tiene dos opciones que le permiten cambiar el orden de las capas. Estos son: volver atrás e ir a los comandos frontales (capas). El comando frontal de ir a le dice al programa que siempre ponga el sprite deseado en la parte superior, mientras que el otro sprite termina en la parte posterior para tantas capas como desee. Puede probar la ejecución del archivo layers.sb2, que tiene cuatro sprites que se mueven a través del panel del escenario. Puede cambiar la posición de estos sprites presionando la primera letra de su color en el teclado.

La siguiente sección está dedicada a la paleta de sonido que puede animar sus animaciones y hacerlas más entretenidas.

La paleta de sonido en Scratch

La mayoría de las aplicaciones que va a crear (especial y juegos) requieren sonidos para señalar los diferentes estados de ánimo o música de fondo que añadirá la emoción que desee. En el siguiente texto, aprenderá más sobre los bloques en la paleta de sonidos y cómo incorporarlos mientras utiliza archivos de audio y reproducciones. Luego vamos a ir a través de algunos de los comandos que se utilizan para tocar instrumentos como la batería y cómo cambiar el tempo de la música y las notas que desea tocar.

Reproducción de archivos de audio en Scratch

Como ya sabes, las computadoras admiten muchos formatos de archivos de audio. Sin embargo, Scratch solo admite dos: MP3 y WAV. Tiene tres tipos de bloque de comandos que puede utilizar para agregar sonido a su proyecto. Estos comandos son: reproducir sonidos hasta que haya terminado de bloquear, reproducir bloque de sonido y detener todos los sonidos de bloqueo. Los dos primeros sonidos de reproducción de comandos que se importaron con una diferencia: el bloque de sonido de reproducción permite el siguiente comando hasta que el sonido termina, pero el sonido de reproducción hasta el bloque hecho no permite otros comandos hasta que el sonido seleccionado termina. Si utiliza para detener todos los sonidos block, se desactivará instantáneamente todos los sonidos en el proyecto. La forma más fácil de añadir música de fondo es utilizar un archivo de audio y luego reproducir sonido hasta que se haga lo que permitirá que todo el archivo se reproduzca y luego reiniciar hasta que la aplicación deje de ejecutarse.

En algún momentos puede haber breves descansos después de dos reinicios, depende del archivo de audio si van a ser notables o no. Si desea tener más control sobre la duración de la reproducción, puede utilizar el bloque de sonido de reproducción combinado con el bloque de espera. Usted puede experimentar con el tiempo de espera y tratar de producir una transición suave entre las reproducciones.

Reproducción de tambores en Scratch (Otros sonidos incluidos)

Cuando empieces a desarrollar juegos, a menudo querrás usar efectos de sonido cortos. Estos efectos pueden ser el signo de golpear el objetivo, por ejemplo, o terminar un nivel y así sucesivamente. La forma más fácil de crear estos sonidos es utilizar el bloque "tocar el tambor para ritmos" que tiene 18 sonidos de batería de los que se puede elegir el que te gusta. Cada uno de estos sonidos tiene un cierto número de pulsaciones, y puede agregar pausas entre aplicando el bloque "descanso para beats". Si desea ver estos comandos en acción, la mejor manera es descargar el archivo beatsdemo.sb2 y ver el efecto que el parámetro beats tiene en él. El script de este archivo tiene tres bloques repetitivos con recuentos de dos, cuatro y ocho y cada bloque utiliza el mismo sonido pero un número diferente de los ritmos.

Debo decir que el eje de tiempo representa dos intervalos de 0.2 valor unitario. Esto significa que el primer bucle reproduce sonidos de batería que son 0.8 unidades de tiempo de diferencia, lo que significa que habrá dos sonidos de batería en este. El segundo bucle tiene cuatro sonidos de batería, lo queh significa que la pausa es 0,4 unidades de distancia y así sucesivamente. Cada bucle tiene la misma cantidad de tiempo para completar la acción que sólo tiene un número diferente de golpes en el mismo intervalo. Usamos la expresión "unidades de tiempo" en lugar de segundos porque la cantidad de tiempo necesario para terminar un bucle depende del tempo que establezca. Si utilizas el tempo predeterminado que es 60 BPM (latidos por minuto) significaba que cada bucle tendrá 1,6 segundos para jugar. Si eliges duplicar el tempo, el tiempo para que los bucles terminen el cambio también y ahora tendrán 0,8 segundos para completar el comando. El mismo principio se aplica si ralentizas el tempo, solo aumenta el número de segundos.

Componiendo música en Scratch

Scratch le permite utilizar otros sonidos, no sólo aquellos que pueden encontrarse en su biblioteca. De hecho, incluso puedes componer tus propias canciones y establecer comandos que reproduzcan notas. Al abrir la paleta de sonidos, encontrará un bloque "play note for beats". Haga clic en el bloque y seleccione una de las 127 notas añadiendo el número de pulsaciones que desee.

Si utiliza el comando "set instrument to block" de la misma paleta le dirá a Scratch qué tipo de instrumento desea tener para reproducir la nota seleccionada. Estos dos comandos le permiten crear una canción completa si lo desea.

Control del volumen

A veces, cuando tienes diferentes cosas sucediendo en el panel de la etapa, quieres usar sonidos que tengan un efecto de desvanecimiento como respuesta a la situación. Por ejemplo, si desea hacer volar el avión, podría poner el sonido más fuerte cuando despegue y luego la versión más tranquila una vez que el avión está en el cielo y se mueve más lejos. Scratch ofrece bloques que pueden controlar la sonoridad o, en términos generales, un volumen que se puede aplicar a todos los sonidos de batería, notas musicales u otros archivos de audio que quieras usar en tu proyecto. Vaya a la paleta de sonidos y busque el bloque "set volume to %". Puede ajustar la sonoridad del sonido introduciendo el número que necesita en ese momento. Aún así, tenga en cuenta que este comando se refiere sólo al sprite que está conectado a(en algunos casos también se puede conectar a la etapa). Así que si tu objetivo es reproducir varios sonidos al mismo tiempo, y quieres que todos ellos tengan diferentes volúmenes, tendrás que usar la misma cantidad de sprites. Si utiliza el comando "change volume by" puede aumentar o reducir la sonoridad introduciendo valores numéricos positivos o negativos. Los números negativos significan que el sonido será más suave, y lógicamente, los números positivos harán que los sonidos sean más fuertes. Si desea que el volumen del sprite sea visible en el escenario todo el tiempo, puede hacer clic en el cuadro que aparece junto al comando de volumen. Puede utilizar estos comandos para diferentes propósitos; puedes cambiarlos cuando un sprite golpea el objetivo (como en el juego De pong que creaste en el capítulo 1) o simulando una orquesta si pones suficiente esfuerzo para hacer que más instrumentos toquen simultáneamente.

Intente abrir el archivo volumedemo.sb2 e inicie la aplicación. Verás una simulación de un gato que camina hacia el bosque. Este archivo tiene scripts en los bloques de volumen de cambio de uso, que hacen que los sonidos del gato se desvanecen a medida que se adentra en el bosque. Puede usar este script e intentar hacer algo similar.

Ajuste del Tempo en Scratch

Los tres últimos comandos que encontrarás en la paleta de sonidos se refieren a la velocidad o tempo que quieres que se toquen las notas o tambores para cada sprite. Como ya hemos mencionado anteriormente, el tempo se mide en BTM-s o latidos por minuto y funciona así: si estableces BPM-s más altos significa que las notas se reproducirán más rápido, por lo tanto el tempo es más rápido y viceversa. Puede elegir el tempo que desee y ralentizarlo o acelerarlo, dependiendo de su propia preferencia. Si desea tener una vista constante del tempo del sprite en el panel del escenario, simplemente marque la casilla que aparece junto al comando tempo. Puede intentar ejecutar la aplicación tempodemo.sb2 y ver qué tipo de tempo se establece en ella. A continuación, puede intentar cambiar el tempo y ver cómo reaccionará el programa.

Creación de proyectos completos de Scratch que incorporan comandos g de las paletas audio y vista

Ahora que aprendió a usar los comandos en estas dos paletas, puede agregar efectos aún mejores a todos sus próximos proyectos. En la siguiente sección, trataremos de incorporar no sólo las cosas que aprendimos en este capítulo, sino todo lo que aprendimos sobre Scratch en general. Los proyectos que intentaremos crear son una animación completa de una mujer bailando y una animación completa de fuegos artificiales. Verás que a pesarde que esto suena más complicado, en realidad te ayuda a revisar algunos de los nuevos bloques y a recordar los antiguos.

Primera animación: una mujer bailando en el escenario

El objetivo aquí es animar a una bailarina sprite en el panel del escenario. El script completo se puede encontrar como un archivo b2 danceonstage.sque se puede abrir en la interfaz web de Scratch. Se supone que debes construir toda la escena siguiendo las siguientes instrucciones.

El primer paso es iniciar un nuevo proyecto de Scratch. Si Scratch no se estaba ejecutando antes de esto, un nuevo proyecto abrirá el aliado automático una vez que inicie el programa. Sin embargo, si ya tiene Scratch en ejecución, debe ir al menú Archivo y seleccionar un nuevo proyecto. Como siempre, el nuevo proyecto tiene un sprite predeterminado en forma de gato en su interior. El siguiente paso es seleccionar el telón de fondo para tuanimación. En este caso, vamos a ir con la sala de fiestas que se puede encontrar en la categoría interior. Elimine el fondo blanco predeterminado e inserte el de la entidad, ya que no necesitará el que eliminó.

Si miras cuidadosamente los sprites de tablero y bola verás que se ven como la parte del telón de fondo. Lo siguiente que notarás es que estos sprites se crean realmente a partir de esa imagen de fondo y se colocan para que puedan cubrir las secciones desde las que se crean. De esta manera tienes dos sprites adicional que pueden cambiar de color, haciendo así que el panel del escenario para tu bailarina sea más realista.

Lo siguiente que necesitarás para esta animación es música de fondo. En este proyecto, debes ir con el archivo medieval1 que puedes encontrar en la categoría de bucle de música e importarlo al escenario mientras eliminas el sonido "pop" que aparece como predeterminado. La siguiente fase consiste en agregar el script que ordena que el sonido se reproduzca a lo largo de la configuración del tiempo de espera que permite que el archivo de audio se reinicie lo más suave posible. Podemos decir que este tiempo debe ser de 9,5 segundos para esta animación concreta. Para comprobar si todo funciona hasta ahora, haga clic en la bandera verde como de costumbre. Si todo se hace correctamente, el audio se repetirá continuamente y puede detener el script una vez que esté listo para continuar.

Ahora necesitas añadir el bailarín. Para hacer eso, es necesario reemplazar el sprite gato con el bailarín femenino. Importa trajes dan-a y dan-b que puedes encontrar en la categoría de personas y no olvides cambiar el nombre del sprite name de gato a bailarín. Ahora necesitas añadir un guión que mueva al bailarín. Digamos que instruyes al bailarín a ir 15 pasos a la izquierda, cambiar un traje por otro y luego mueve 15 pasos a la derecha, luego cambiar el traje de nuevo y así sucesivamente. Para que parezca que está bailando usas el bloque forever que hará que estos comandos se repitan todo el tiempo que quieras. Puedes añadir efectos como ojo de pez para añadir algo de variedad a los pasos del bailarín. Para comprobar si todo funciona correctamente, haga clic en el indicador verde y observe las características que agregó. Si escuchas música de fondo y ves a tu bailarín moviéndose a derecha e izquierda en el escenario significa que todo funciona bien. Para hacer la escena más animada, puede agregar luces en diferentes colores usando el tablero y los sprites de bolas que mencionamos antes. Además, también tiene sprites de foco que puede insertar.

Si hace clic en la miniatura del escenario y selecciona la pestaña de fondos, podrá crear un sprite de bola haciendo clic con el botón derecho en la miniatura de la parte backdrop que insertó al principio y seleccione la opción "Guardar en archivo local" en el menú que aparecerá. Esta acción activa el cuadro de diálogo que le permite guardar la imagen de fondo en los archivos locales y necesita saber dónde lo guardó porque tendrá que importarlo de nuevo en breve. Después de terminar este clic en el botón "subir sprite" que se encuentra encima de la lista de sprites y simplemente importa de nuevo la imagen que guardó hace un momento. De esta manera ha creado el sprite que es idéntico al de la imagen de telón de fondo en el panel del escenario.

Puedes nombrar este nuevo sprite simplemente "bola" y luego puedes editar sus trajes en el editor de pintura. Esta vez dejar sólo la bola de colores y eliminar todo lo demás, pero no se olvide de utilizar transp no son color es para pintar un poco de espacio alrededor de la pelota también. Cuando termines esto, coloca el sprite en forma de bola en la ubicación exacta como estaba en el telón de fondo desde el que lo tomaste para que se vea como una parte de la imagen de nuevo. A continuación, agregue el script que va a cambiar efecto de color de este sprite. Debe cambiar repetidamente y en continuidad para que el observador pueda obtener la ilusión de que los pequeños círculos en el sprite están cambiando de color. Sprite de tablero se crea de la misma manera que el sprite de bola y una vez que termine de colorearlo y animarlo sólo tiene que ponerlo de nuevo en el mismo lugar que antes para que pueda parecer que es la parte de la imagen también. Dado que el bailarín y la junta se superponen, el guión está instruido para enviar el tablero en la parte posterior (2 capas),lo que significa que la danzar siempre se encuentra en la parte delantera. Puede hacerlo seleccionando el sprite en forma de bailarín y usando el comando "ir al frente" que se puede encontrar en la paleta de looks. El sprite final que añadiremos a esta animación es el Spotlight. Dado que no hay script para este sprite, tendrá que hacer uno. Es necesario establecer el centro de la imagen para que esté en la punta del punto en forma de cono, que en realidad es un haz de luz. El script tiene que establecer el efecto fantasma del sprite primero y hacerlo transparente para que no influya en el telón de fondo. A continuación, es necesario ordenar el sprite para volver a una capa, lo que hace que el haz de luz situado detrás del sprite de baile, que emana así del foco. Observa tu dibujo y determina sus coordenadas XY, haz que la luz beam siga al bailarín usando el bloque "punto hacia" mientras cambias su color permanentemente.

Cuando haya terminado de agregar este último sprite, la animación se completa. Por supuesto, necesitas probarlo un par de veces, así que sigue adelante y haz clic en la bandera verde para ver si tu fiesta animada está hecha. Ahora, si todo está correcto, deberías escuchar la música; ver al bailarín moviéndose junto con la tabla, la pelota y los sprites de foco que cambian de color como en la discoteca real. La siguiente animación utilizará diferentes efectos gráficos que hemos estado mencionando en este capítulo.

Segunda animación: los fuegos artificiales

Esta animación tendrá un concepto de escena animada de fuegos artificiales y utilizará la mayoría de las características que discutimos en este capítulo ya que la mayoría de ellos están conectados a los comandos graficos. La idea es hacer un fuego que brilla que llene el cielo con chispas de diferentes colores. Tienes cohetes que explotan en fuegos artificiales en momentos aleatorios. Cada una de estas explosiones debe producir chispas que caerán y se desvanecerán lentamente. Puede comenzar abriendo un nuevo proyecto y abriendo el archivo fireworks_nocode.sb2. Al igual que en varias aplicaciones anteriores que hemos utilizado, esta también tiene la configuración inicial pero no tiene ningún script, lo que significa que tendrás que hacerlos. En primer lugar, puede concluir que necesitará dos sprites - un sprite que representará la ciudad y el otro sprite que representará el cohete para los fuegos artificiales. El sprite de la ciudad contiene una imagen de edificios y puedes utilizar animaciones que te gusten para hacerlo más interesante.

Por otro lado, el sprite de cohetes usará la función de clonación para crear muchos clones que deberían explotar y producir fuegos artificiales. En esta fase, verá que el cohete de la aplicación de carrera tiene ocho trajes diferentes. El primer traje está etiquetado como C1 y en realidad es un punto que se lanzará al cielo. Una vez que el punto llega al destino que se selecciona al azar, cambiará a otro traje (este cambio también debe ser aleatorio). De esta manera obtendrá el efecto de una pérdida deexp. Mediante el uso de diferentes efectos gráficos se puede hacer que este aspecto aún más realista. Una vez que termine esto, intente agregar el script al sprite en forma de cohete y ejecútelo haciendo clic en la bandera verde. Cuando ocultas el sprite cohete el comando forever loop es activado y comienza a crear clones en tiempos seleccionados al azar. Puesto que aprendimos que los clones tienen la misma característica del sprite original, todos estos clones no serán visibles al principio, lo que significa que necesita agregar el script que llll los sprites clonados en forma de cohete qué hacer a continuación.

Estos clones deben comenzar usando su primer traje (el punto) y luego moverse a lo largo de la posición horizontal, que se encuentra en la parte inferior del panel del escenario. Después, deben aparecer en el principio y deslizarse a una posición aleatoria en algunas de las partes superiores de la cuadrícula (en este caso que debe estar por encima de los edificios desde el sprite de la ciudad). El objetivo de estos clones es hacer una simulación realista del lanzamiento de los fuegos artificiales y cuando se ejecuta, deberia aparecer como un punto rojo que va hacia el cielo y cuando llega a su punto final simula una explosión. Esta explosión se establece mediante otro conjunto de comandos que son en realidad la segunda parte del script. Consiste en clones que reproducen un sonido corto que se asemeja al sonido de una explosión y la explosión real. Esta parte comienza con el pequeño punto que se expande lo que significa que el traje inicial con el tamaño establecido para decir 20% cambia y entra en el bucle que aumenta el tamaño de la explosión y cuando el bucle está terminado el traje actual se elimina a sí mismo y otro comienza, y así sucesivamente. Cuando termine de agregar esta parte, la animación de fuegos artificiales se completará. Utilice la bandera verde para ejecutar la animación completa unas cuantas veces y comprobar cada cosa. Podemos decir que con estas dos animaciones que avanzó en la creación de un programa relativamente complejo.

Capítulo 4

Procedimientos en Scratch

En este capítulo, hablaremos sobre escribir procedimientos separados y juntarlos en lugar de construir grandes programas complicados como una sola pieza. Los procedimientos facilitan la escritura de códigos, por lo que se prueban y depuran si es necesario. Los procedimientos de exploración le mostrarán cómo coordinar el comportamiento de varios sprites mediante la difusión de mensajes; para implementar procedimientos mediante el uso de la difusión de mensajes; le mostrará cómo utilizar la función de Scratch denominada "construir su propio bloque"; y finalmente, aprenderá a utilizar técnicas estructuradas en la programación. La mayoría de los proyectos que has visto y desarrollado con su guía hasta ahora tenían un sprite. Sin embargo, las aplicaciones suelen requerir más sprites que funcionarán juntas. Si hacemos una historia animada como ejemplo, veras que necesitas al menos unos cuantos personajes y varios fondos diferentes. También necesita saber cómo sincronizar los trabajos que asigna a determinados sprites. Es por eso que usaremos este capítulo para hablar sobre el mensaje que transmite en Scratch. Es un mecanismo que se utiliza para coordinar los trabajos de muchos sprites diferentes. A continuación, veremos cómo puede utilizar el comando "bloques personalizados" y estructurar programas más largos para convertirse en partes más pequeñas, por lo tanto manejables que también se conocen como procedimientos.

Usaremos la definición, que dice que "un procedimiento es una secuencia de comandos que realiza una función especifica". Por ejemplo, puede realizar un procedimiento que indicará a los sprites que hagan cálculos complejos, dibujen diferentes formas, procesen varias entradas del usuario, reproduzcan o secuencian diferentes notas y muchas otras funciones. Una vez que cree un proceso, puede usarlo como un bloque de creación para algunas otras aplicaciones que desea desarrollar.

Recibir y transmitir un mensaje en Scratch

Una de las cosas que determinaremos en esta sección es cómo funciona el sistema de difusión de Scratch en la práctica. No es tan complicado; cada sprite en Scratch puede transmitir un mensaje si utiliza "bloque de difusión" o "transmitir y esperar bloque" que se puede encontrar en la paleta de eventos. Estos comandos activan cada script en cada sprite, incluido su propio. Comienzan a trabajar cuando reciben el bloque "Recibo" que en realidad es un comando de desencadenador. De esta manera todos los sprites en el proyecto "escuchar" la emisión, pero sólo actúan si tienen este "Recibo" bloque correspondiente.

Digamos que tenemos cuatro sprites. El primero es un gato, el segundo es la rana, el tercero es una estrella de mar y el cuarto es un murciélago. El mensaje de "salto" de los gatos emite el mensaje "jump" enviando esta emisión a todos los sprites disponibles, incluido el propio gato. Como respuesta a esto en estructuración, tomaremos que sólo el gato y la estrella de mar respondan y salten. Los otros dos sprites no continuaron ejecutando otros comandos porque no tenían un bloque correspondiente que les indique que obedecieran la emisión aunque recibieran el mensaje. Por otro lado, el bloque "broadcast and wait" funciona uno con el mismo principio, pero con una diferencia principal: la emisión espera hasta que cada sprite que recibió el mensaje termine de responder al bloque "cuando recibo" antes de continuar.

Recepción y envío de transmisiones en Scratch

Para mostrarle cómo funciona el envío y recepción de mensajes en Scratch en la práctica, intentaremos crear un programa simple que dibujará al azar cuadrados en color. La idea es que cuando el utiliza el botón izquierdo del ratón en el panel del escenario, el panel lo detecta y utiliza el comando "cuando se hace clic en este sprite" para transmitir un mensaje cuadrado (lo llamaremos cuadrado en este ejemplo, pero puede usar cualquier nombre que desee). Cuando todos los sprites reciben el mensaje (en caso de quesea sólo un sprite) utilizará la posición actual del ratón y dibujará un cuadrado en ese punto.

Estos son los pasos que debe seguir para realizar esta aplicación:

En primer lugar, debe iniciar Scratch, ir al menú Archivo y seleccionar un nuevo proyecto para que pueda iniciar una nueva aplicación. El traje de gato que aparece por defecto se puede reemplazar con cualquier traje que desee.

En segundo lugar, tienes que añadir el comando "cuando recibo" que se puede encontrar en la paleta de eventos al área de scripts del sombrero sprite aparece en el panel del escenario. A continuación, seleccione un nuevo mensaje en el menú desplegable que aparece al hacer clic en la flecha hacia abajo. Una vez que aparezca el cuadro de diálogo, escriba "cuadrado" y pulse OK. Ver si el nombre del bloque cambiado a "cuando recibo cuadrado", si el nombre ha cambiado en éste, se puede proceder.

El tercer paso es completar el script levantando la pluma del sprite y moviéndolo a la posición actual del ratón. Esta posición debe ser indicada por bloques XY que se pueden encontrar en la paleta sensing. A continuación, debe elegir un color de pluma, bajarlo y dibujar el cuadrado.

Si todo se hace correctamente, el sprite debe ser capaz de ejecutar el mensaje una vez que lo recibe. Podemos llamar a este script un controlador de mensajes porque, como su nombre indica, su trabajo es asegurarse de que el sprite puede procesar el mensaje.

El último paso es agregar el código en el panel de etapa que emitirá el mensaje que indica "cuadrado" como respuesta al clic del ratón. La forma más fácil de hacer esto es hacer clic en la lista sprite, elegir el escenario y agregar dos scripts a ella. El primero debe borrar todos los trazos de la pluma de la etapa una vez que se hace clic en la bandera verde. Por otro lado, el segundo script se activa cuando el usuario hace clic en el ratón y lo utiliza para broadcast un mensaje al sprite de que debe dibujar el cuadrado. Con esta acción, la aplicación prevista está completa y puede probarla. Si cada clic del ratón tiene una respuesta de dibujos cuadrados en el panel del escenario, significa que ha completado correctamente el programa.

Coordinación de múltiples sprites mediante la difusión de mensajes

En esta sección se explica cómo reaccionan varios sprites al mismo mensaje de difusión en Scratch. Para una mejor comprensión, también usaremos una aplicación. Esta vez dibujará unos pocos sprites en forma inferior en el panel del escenario como respuesta al clic del usuario en el ratón. Esta aplicación tendrá cinco sprints que nombraremos flower1, flower2, flower3, flower4 y flower5. Estos sprites son responsables de crear (dibujar) cinco flores en el panel del escenario asumiendo que cada sprite tiene su propio traje. Sin embargo, el fondo de cada traje es transparente y la ubicación del centro de rotación del traje debe estar marcada con líneas cruzadas. El objetivo es hacer que el sprite reaccione al mensaje "flor", dibujar y luego estampar pocas copias rotadas del traje ubicado en el panel del escenario. Lo siguiente es agregar el script que responderá al clic del ratón. Cuando el usuario hace clic en el ratón, el panel de la etapa debe detectarlo usando el comando "when this sprite clicked", y como respuesta, debe borrar todo en su fondo transmitiendo sólo un mensaje que nombraremos " draw". Todos los cinco sprites que mencionamos anteriormente deben responder a ese mensaje y ejecutar el guión de dibujar flores que aparecerá en el panel. El script se puede ajustar para asignar valores diferentes y aleatorios a algunos efectos como brillo, color o tamaño, cambiando así toda la apariencia de la flor. Luego debe pasar a una posición aleatoria vertical y dibujar y sello copias rotadas de trajes en forma de flor como el sprite antes. Puede intentar abrir el archivo flowers.sb2 y ejecutarlo para comprobar cómo funciona. Aunque esto puede parecer un código simple, las salidas son realmente interesantes. Puede experimentar con muchos tipos de flores diferentes, colores, trajes; puede cambiar su centro y buscar algunos otros diseños. Ahora que cubrimos cómo funciona la radiodifusión, le presentaremos la forma de gestionar grandes programas mediante la creación de programas estructurados y más pequeños en su lugar.

Pequeños pasos para crear grandes programas

A pesar de que algunos scripts que ha utilizado hasta ahora son más complicados que los otros, todos eran relativamente cortos, por lo tanto más simples. En algún momento, tendrá que escribir scripts que contendrán varios cientos de bloques o incluso más, por lo que es muy importante entender cómo mantenerlos y entenderlos mejor. Esto puede ser un proceso desafiante; sin embargo, hay un enfoque que puede aliviar las cosas. La programación estructurada es un término introducido en la década de 1960. Se refiere a un proceso de simplificar la escritura y el mantenimiento de los programas informáticos, por lo tanto tienen una comprensión más profunda de ellos. A diferencia de los enfoques anteriores que se basaban en la escritura de códigos de programa grandes, la programación estructurada se basa en la premisa de que el programa debe dividirse en piezas más pequeñas para que cada parte del programa pueda resolver una parte de su tarea general.

Hay un ejemplo interesante de comparar este proceso con una receta de pastel, que usaremos para ilustrar este asunto. El primer principio que es similar a la receta del pastel y la programación estructural es el hecho de que ambos desglosan un problema general en los pasos más pequeños, distintos y lógicos. De esta manera usted puede llegar a una solución para su problema y cuando se trata de programar esto significa dividan el problema en partes manejables. Este tipo de enfoque también le ayuda a tener una visión clara del propósito del programa y su relación con todas las demás partes o componentes.

Tenga en cuenta que necesita escribir un script largo que tenga el propósito de dibujar formas g en el panel del escenario. Este script se puede dividir en partes más pequeñas: bloques lógicos que se clasifican por su función. Por ejemplo, los primeros cinco bloques se utilizan para activar el sprite y, a continuación, el primer bloque de repetición indica al sprite que salve un cuadrado, mientras que el segundo bloque ordena al sprite que dibuje un triángulo y así sucesivamente. Si utiliza la programación estructurada, estos bloques relacionados se pueden agrupar y utilizar un nombre que los representará y de esta manera los bloques relacionados se convierten en procedimientos. Al escribir un procedimiento, puede establecerlos en determinadas secuencias y resolver problemas de programación que también están relacionados.

También puede ver cómo se pueden armar los procedimientos separados y realizar la misma función que el script original del programa. Por supuesto, el script que utiliza procedimientos se modifica para que sea más corto que el original, lo que lo hace más comprensible. El uso de procedimientos puede ayudarle a evitar escribir los mismos códigos varias veces. Con este enfoque la multiplicación del mismo es innecesaria. Además, en lugar de escribir comandos para muchos lugares del programa para que puedan ejecutar una acción, puede usar un procedimiento que realice todos los comandos que necesita y simplemente use ese procedimiento en su lugar. Este tipo de estrategia en la que puede escapar de duplicar el código también se conoce como la reutilización del código. Por ejemplo, en la aplicación de dibujo cuadrado que mencionamos antes de reutilizar el código.

El procedimiento le permite implementar la estrategia de guerra conocida como "dividir y conquistar" para solucionar problemas más complejos. Por ejemplo, puede " dividir" problemas en subproblemas y "conquistar" estos subproblemas uno por uno, encontrando la solución individualmente. Cuando se resuelven todos estos problemas más pequeños, las soluciones se vuelven a juntar para que puedan resolver el problema original que se dividió en primer lugar. Si se preguntó cómo se crean estos procedimientos, tenemos que decirle que antes de Scratch 2, eso no era posible. Esta versión de Scratch, lanzada en 2013, añadió una característica muy importante y poderosa que lo cambió todo. Esta característica se conoce como "bloques personalizados".

Creación de procedimientos mediante la difusión de mensajes

En esta sección, veremos cómo los procedimientos pueden mejorar el código que se utilizó en la aplicación del dibujo de flores que usamos anteriormente. Comienza abriendo el archivo llamado flowers2.sb2 que tiene una nueva versión del programa que usarás para este ejercicio. El script de etapa es el mismo que antes, lo que significa que la etapa difunde el mensaje, que dice " draw" en el momento en que el usuario hace clic en su ratón. Sin embargo, en esta versión, la aplicación utiliza un sprite y no cinco como antes. Este sprite único que usamos ahora tiene cinco trajes diferentes. Podemos nombrarlos hoja1, hoja2, hoja3, hoja4 y leaf cinco. En este escenario, su tarea es llamar a un procedimiento que dibujará una flor para todos los cinco trajes individualmente. Y debido a que solo tiene un sprite para usar, solo necesitará una copia del código para dibujar en lugar de cinco scripts de la aplicación anterior. De esta manera, se evitó la duplicación del código, por lo que hizo el programa más pequeño y más comprensible. Así que cuando el sprite recibe el mensaje " draw" transmitido por el escenario, ejecuta este único script que mencionamos abajo. Este guión establece la posición para el dibujo y el traje y comienza el bucle en el que se dibuja cada una de las cinco flores. Cada vez que pasa el bucle, la coordenada Y activa el procedimiento de la flor de dibujo y difunde un mensaje a sí mismo que detiene las ejecuciones de otro script hasta que se realiza el procedimiento. Cuando el procedimiento está terminado, el guión " draw" continúa funcionando y ajusta las coordenadas y el traje para la flor por venir.

Construir su propio bloque en Scratch

Como ya hemos mencionado, Scratch 2 introdujo una nueva característica para crear sus propios comandos utilizando bloques personalizados. Los bloques que haces suelen aparecer en la paleta de más bloques y puedes usarlos como cualquier otro bloque en Scratch. Vamos a utilizar la aplicación de flores de nuevo y mod siyy para que podamos ver el uso de bloques hechos a medida.

En primer lugar, debe abrir el archivo denominado flower2.sb2 y seleccionar filer4download desde el menú Archivo para que pueda guardar este archivo bajo el nombre flower3.sb2 o algún otro nombre que desee.

El segundo paso es hacer clic en la miniatura del sprite de flor y seleccionarlo. Después de eso, debe buscar más bloques de paleta y seleccionar una opción " make block". Asílo róndele drawflower, haz clic en OK y el nuevo bloque o nueva función aparecerá bajo ese nombre en el bloque más block palette y en el área de script.

La siguiente fase es separar el script que está conectado al comando drawflower "when I receive" e intentar conectarlo al bloque de flores de dibujo funcional que ha hecho. El resultado de esto es un nuevo procedimiento que ahora como un nombre drawflower y que logró incorporar en el script como un bloque personalizado. Después, debe eliminar el bloque de flores de dibujo "cuando recibo" que se desprende porque ya no tiene un propósito.

El último paso es agregar un controlador llamará a este procedimiento que creó a partir del mensaje de dibujo. Puede hacerlo simplemente modificando el controlador de mensajes y reemplazar la difusión y esperar un bloque con el nuevo bloque personalizado que ha realizado. Cuando esto se hace, la aplicación esta modificada y completa y se puede probar. Intente hacer clic con el ratón en cualquier lugar del panel del escenario para ver si el programa funciona como antes.

Pasar parámetros a bloques personalizados en Scratch

Para una mejor comprensión de esta sección, comenzaremos inmediatamente a crear un bloque personalizado que podemos nombrar "cuadrado" en este ejemplo. Este cuadrado, cuando se dibuja, debe tener lados, que son 100 píxeles de largo.

El procedimiento para la forma cuadrada está limitado con capacidades porque tenemos un tamaño fijo del sprite. Si desea dibujar cuadrados de diferentes tamaños sólo puede hacer unos pocos bloques personalizados e introducir las longitudes laterales deseadas. Digamos que los valores de estas longitudes son 40, 65 y 150, nombre sus bloques personalizados square40, square65 y square150, pero tenga en cuenta que la creación de bloques multiple tiene algunas complicaciones. En la mayoría de los casos, cada vez que realices un cambio, tienes que buscar todas las copias y aplicarles el mismo cambio también. Una solución más sencilla es tener solo un bloque cuadrado pero longitud ajustable al llamarlo, que es un concepto que ya ha aplicado más de una vez.

Por ejemplo, en Scratch, puede utilizar un único comando move que le permita determinar cuántos pasos moverá el sprite en la dirección deseada. Este bloque tiene una ranura de parámetros en la que puede agregar un valor numérico que desee. De esta manera, no necesita un un nuevo bloque siempre que desee cambiar la distancia. Si volvemos al programa actual, vemos lo que tenemos que hacer- tenemos que agregar una ranura de parámetros a nuestro bloque cuadrado hecho a medida para que pueda entrar en la longitud del lado del cuadrado y cambiarlo si es necesario. Para modificar el bloque cuadrado es necesario ir al bloque " definir cuadrado" que se encuentra en el área de scripts y selecciona la opción de edición en el menú desplegable. Cuando aparezca el cuadro de diálogo de edición de bloque sin hacer clic en la flecha del centro comercial para expandirlo y comprobar todas las opciones disponibles. Para esta aplicación en particular, necesita una opción que permita al bloque aceptar diferentes números que hacen referencia a la longitud de los lados cuadrados. Esta es la razón por la que elegiré la opción "añadir entrada de número" en el menú desplegable y podrá establecer una ranura numérica en su bloque cuadrado. Sin embargo, solo debe agregar un número con nombre1. Si desea indicar que la ranura tiene algún otro propósito ahora puede cambiar el nombre de ult"number1" para decir "side". No importa cómo lo nombre siempre y cuando refleje la función o el significado del parámetro que tiene que establecer.

Con esto, usted tiene todo lo que necesita para agregar una ranura numérica, simplemente haga clic OK y la ranura es una parte del procedimiento, lo que significa que su bloque cuadrado puede aceptar números como entradas. Algunos de los problemas que los usuarios podrían enfrentar son cómo determinar lo que significa el número que pasó? En Scratch como en cualquier otro programa, un valor numérico puede tener varios significados. Aún así, los diseñadores de Scratch se aseguraron de evitar este tipo de confusión añadiendo etiquetas a las ranuras y usaremos su idea y haremos lo mismo para el bloque cuadrado. Haga clic en la opción "Añadir texto de etiqueta", escriba los pasos y haga clic en Aceptar para confirmar. Si desea examinar el procedimiento cuadrado y su definición en el área de scripts, debería ver un bloque que hemos denominado lado (el nombre se agrega al encabezado del bloque). El bloque de movimiento del procedimiento todavía tiene un número fijo 100 en él, pero ahora puede cambiarlo arrastrando el bloque lateral desde el encabezado del procedimiento cuadrado y ponerlo sobre el slot de parámetro del comando mover mientras cambia el número 100 a cualquier otro número que desee.

Por otro lado, la etiqueta lado que se puede ver en el encabezado del procedimiento Square también se conoce como parámetro. Otra forma de definir un parámetro es pensar en él como del marcador de posición. En términos generales, en lugar de codificar de forma rígida un número fijo dentro del procedimiento, usamos un parametro que llamamos el lado que permite al usuario cambiar el tamaño del cuadrado. El usuario es el que determina el parámetro. En este caso, el número 100 se puede ver como un argumento y se pasa al procedimiento cuadrado por lo que cuando el cuadrado se ejecuta el parámetro lateral se establece originalmente en 100. Este valor reemplaza todas las demás apariciones que pueden suceder al bloque lateral mientras dura el procedimiento. La capacidad de determinar argumentos y usarlos en procedimientos es una característica sólida que ayuda a los programas a ser más flexibles. Si agrega otro parámetro como el color del bloque cuadrado, mejorará aún más el proyecto.

Argumentos frente a parámetros

A pesar de que muchas personas que son programadores profesionales utilizan términos como argumento o parámetro como si fueran uno y lo mismo, el hecho es que son diferentes. Para explicarlo mejor diremos que hay un procedimiento promedio que puede calcular el promedio de dos números etiquetados como num1 y num2, que son los parámetros de los procedimientos al mismo tiempo. El número 100 y el número 50, en este caso, son argumentos. Como puede ver, el parámetro determina una entrada para un procedimiento, pero los valores de estos parámetros se denominan argumentos. Aunque el número de parámetros y el número de argumentos tiene que ser el mismo no son lo mismo.

Podemos concluir esta sección con algunos consejos que puede utilizar para tratar con bloques personalizados si es necesario.

-Debes saber que los bloques hechos a medida no se pueden dividir entre sprites. Si crea un bloque personalizado para un sprite, solo ese sprite en particular puede usar ese bloque. Además, si se define un bloque personalizado para el panel de etapa, los únicos scripts que pueden llamar a estos bloques a la acción son los que pertenecen a la etapa.

-Siempre debe nombrar sus parámetros su significado; ayudará a otros a entender para qué se utiliza el bloque.

-Si desea eliminar un bloque personalizado que hizo puede hacerlo arrastrando el bloque de sombrero que se encuentra en el área de scripts y soltándolo sobre las paletas. Tenga en cuenta que solo los bloques definidos se pueden eliminar y no se pueden conectar a ninguna pila de otros bloques. Esto significa que si realmente desea eliminar un bloque personalizado, tendrá que asegurarse de que no está conectado a ningún script primero.

- Si desea eliminar el parámetro de bloque personalizado simplemente haga clic en el nombre del parámetro que se encuentra en el cuadro de diálogo de edición de bloque y encontrar el icono x que se puede ver encima de la ranura.

Procedimientos anidados en Scratch

Hemos explicado anteriormente que cada procedimiento debe realizar una sola pregunta bien definida. Sin embargo, ejecutar varias tareas es buena y deseable, especialmente si puede realizar un procedimiento para llamar a otro. Los procedimientos de anidamiento son uno de los procedimientos que pueden proporcionar este tipo de flexibilidad, que es especialmente útil para la programación estructurada. Usaremos el mismo procedimiento cuadrado de secciones anteriores para mostrar cómo funciona este procedimiento también. Aún así, crearemos un procedimiento adicional que puede nombrar "cuadrados" por ejemplo. La idea es utilizar este procedimiento para hacer cuatro cuadrados esos se estiran llamando al procedimiento cuadrado inicial cuatro veces. Además, cada llamada debe usar un valor de argumento diferente, lo que hará que las salidas sean diferentes también y, por ejemplo, podemos obtener cuatro cuadrados que comparten la misma esquina. Este procedimiento anidado se puede utilizar para hacer algunas creaciones más artísticas. Lo siguiente que puede intentar hacer es un procedimiento que puede nombrar rotatedsquares. Rotatedsquares son el procedimiento que llamará al procedimiento de cuadrados anterior unas cuantas veces y girará el angulo de las formas después de cada llamada. En este caso, tenemos dos parámetros, el primero es el parámetro que determina el número de repeticiones, y el otro es calcular el ángulo que girará cada forma después de llamar al procedimiento. Puede siempre experimentar utilizando diferentes valores que cambiarán los patrones y harán salidas aún más interesantes.

Trabajar con procedimientos en Scratch

Ha aprendido por qué es importante utilizar el enfoque estructurado y dividir los programas que desarrolla en las partes más pequeñas. Así que lo siguiente que debe ser discutido es cómo se lleva a cabo esta división. En la programación, no hay ninguna solución de "un tamaño para todo" porque cada problema es diferente. Esta sección explora el proceso de fabricación de piezas modulares de los programas más grandes y explica cómo esta división mantiene una estructura lógica independientemente del número de estos módulos.

Cómo convertir un programa en los procedimientos

Lo principal que tienes que saber si quieres resolver cualquier problema de programación es que necesitas entender completamente el problema en sí. Sólo si se cumple esta condición, puede planear encontrar una solución general y dividir el problema en tareas principales para que sea más fácil. No hay ninguna manera correcta o incorrecta para la división de cualquier programa, y necesitarás algo de experiencia para captar el significado real de "mayor" cuando se trata de tareas. Aún así, si estructuras tu plan desde el problema por sobre todo hasta sus problemas específicos significa que al menos tienes la lógica correcta. Esta estrategia de resolución de problemas también se puede ilustrar con un ejemplo. Digamos que quieres dibujar una casa. Aquí tenemos un problema simple y podemos centrarnos en encontrar la mejor estrategia sin pensar en algunos detalles en particular. Sin embargo, incluso si parece una tarea simple, hay un problema: demasiadas soluciones. Algunas de las posibilidades son:

- Usted puede ver la casa como el dibujo de líneas rectas simples, en caso de que la tarea principal será dibujar cada línea.

- Se puede ver la casa tal como estaba formada por seis formas: dos lados, dos puertas, un triángulo que representa el techo y un paralelogramo. En este caso, dibujar cada forma representa una tarea principal por forma.

- Además, si sugerimos que las puertas tengan la misma forma podemos establecer que dibujar una puerta es una tarea importante y luego invocar esa tarea para la segunda puerta.

- También podemos suponer que el paralelogramo y el triángulo son uno de la casa - el techo. Esto significa que podemos decir que en lugar de dibujar estas dos formas por separado, la tarea principal es dibujar la cubierta.

- Existe la posibilidad de ver un lado de la casa y la puerta en ella como una unidad también. En ese case, dibujar esta unidad sería una de las principales tareas en lugar de dibujar el lado y la puerta por separado, y así sucesivamente.

Hay muchas otras opciones, pero el punto es el mismo- las tareas deben ser pequeñas y comprensibles para que pueda resolverlas y centrarse en una tarea en el momento.

Construir con procedimientos en Scratch

Hay una manera más de intentar resolver grandes problemas en la programación y está tratando de centrarse en los detalles más pequeños primero y luego mirar la solución general. La idea aquí es empezar desde abajo y una vez que resolviste todas las piezas existentes las ensamblas de una manera que pueden proporcionar una solución racional y correcta para el problema general. Usaremos un procedimiento más para ilustrar esta estrategia de resolución de problemas también. Lo mantendremos simple y asumiremos que tienes que dibujar una hoja así que vamos a nombrar todo el procedimiento de esa manera. Además, supongamos que este procedimiento tiene un comando de bucle de repetición que se ejecutará dos veces mientras dibuja dos mitades deesa hoja, y las mitades se dibujan como series(15 segmentos cada uno), y hay un ángulo de seis grados entre ellas. Digamos que este procedimiento es nuestro punto de partida. Ahora, puede dibujar una forma más complicada que tiene cinco hojas, por ejemplo. Esto significa que creará un nuevo procedimiento que puede nombrar hojas. La cuestión es que la solución a este problema es simple: tenías que llamar al primer procedimiento (hoja) y usar un bucle de repetición aplicando el ángulo de giro que también tenías desde el primer procedimiento. Ahora tienes dos procedimientos: hoja y le aves y puedes hacer algo aún más complicado.

El punto de estos ejemplos es que el problema se puede resolver; no importa lo complicado que sea, si encuentras soluciones para piezas más pequeñas de ese problema y las pegas. Estas estrategias para resolver problemas le ayudan a avanzar de procedimientos cortos y más simples a otros más largos y sofisticados y complejos.

Capítulo 5

Variables en Scratch

En este capítulo, hablaremos sobre guiones que pueden recordar y leer diferentes variables. El uso de esta función significa que puede escribir un programa que pueda interactuar con el usuario y que pueda responder a su entrada. A través de las siguientes secciones cubriremos los tipos de datos que Soporta Scratch, exploraremos las formas de crear variables y manipulándolas y por último, pero no menos importante tema que trataremos es cómo escribir programas interactivos que recibirán entradas de sus usuarios.

Todos los guiones que cubrimos en los capítulos anteriores eran importantes para mejorar sus habilidades de programación in Scratch. Sin embargo, todos ellos carecieron de algunos de los principales elementos de las aplicaciones que se consideran a gran escala. Los programas complejos pueden recordar valores, e incluso los más avanzados pueden tomar decisiones para realizar una acción si se cumplen ciertas condiciones. En este último capítulo, cubriremos las primeras variables clave.

Hemos mencionado muchas veces que en Scratch, los scripts pueden manipular y procesar todo tipo de datos. Estos datos se pueden clasificar como entradas y salidas. Además, podemos decir que data es todo lo que los usuarios ponen en el programa (valores, respuestas, etc.) Aún así, cuando intenta crear aplicaciones más complicadas, los datos a menudo deben almacenarse o modificarse; de lo contrario, no puede realizar todas las tareas. En Scratch, la administración de datos se realiza mediante listas y variables. Esto significa que en este capítulo cubriremos tipos de datos en Scratch y diferentes variables y varias formas de usarlos durante la programación.

Tipos de datos en Scratch

Los programas informáticos suelen manipular muchos datos diferentes para ejecutar comandos o proporcionar información útil. Estos datos pueden incluir textos, imágenes, números y muchos otros, y dado que esta es una de las tareas más importantes a conocer en la programación, debe aprender el tipo de datos y operaciones que Scratch can admite. En primer lugar, la versión de Scratch que tratamos en esta guía tiene compatibilidad integrada con tres tipos de datos diferentes: números, cadenas y booleanos. Boolean es un tipo de datos que solo puede tener dos valores diferentes y estos valores son false o true. Todos estos tipos de datos se pueden usar para probar las condiciones, independientemente de si solo hay uno o varios. Una vez que determine el resultado, puede establecer la ruta de ejecución para el programa.

Mencionamos en el primer capítulo que Scratch admite numeros y decimales enteros. Ahora que hablamos de variables más brevemente, podemos decir que Scratch no distingue entre ellas porque se clasifican como "números" independientemente de su valor. También le recordamos que los números decimales se pueden redondear al número entero y para ello sólo tiene que elegir el bloque adecuado de la categoría de operadores.

"la forma"

Probablemente haya notado que los bloques y sus ranuras de parámetros en Scratch tienen ciertas formas geométricas. Por ejemplo, si nos fijamos en la ranura de parámetros en el bloque " move _ steps" verá que está en forma de rectángulo y que tiene esquinas redondas. Por otro lado, el bloque "Say hello" tiene una forma del rectángulo pero con las esquinas afiladas. La razónes el hecho de que la forma de la ranura de parámetro depende del tipo de datos que acepta. Por ejemplo, si intenta introducir letras en la ranura de parámetros del bloque " move _steps", verá que el Scratch no lo permitirá y que solo aceptará valores numéricos. Cuando observe las formas de ranuras de parámetros y bloques de funciones verá que las ranuras tienen tres formas diferentes (dos tipos de rectángulo que ya mencionamos y además hexágono) mientras que los bloques tienen sólo dos formas- rectángulo redondeado y hexágono. Cada forma está conectada a un determinado tipo de datos excepto el rectángulo redondeado que puede aceptar números y cadenas en algunos casos. Por el contrario, el resto de las formas tienen compatibilidades particulares, lo que significa que por ejemplo, la ranura en forma de hexágono sólo tomará la función de la misma forma y al revés. Para evitar confusiones, Scratch diseñó un sistema que evita que el usuario no coincida con los tipos de datos. Esto hace las cosas más fáciles porque no tienes que memorizar la compatibilidad de las formas y tipos dedatos si cometes un error, Scratch simplemente no te permitirá continuar porque los tipos de datos no son compatibles.

Conversión automática de tipos de datos en Scratch

Como ya hemos mencionado, el bloque de función que tiene la forma de un rectángulo redondeado solo puede aceptar la ranura de parámetro de la misma forma. Todos los bloques de funciones con esta forma que hemos utilizado hasta ahora admitíamos números como solo tipos de datos. Esto significa que mientras los usemos para introducir un valor numérico (número de pasos, por ejemplo) no tendremos ningún problema.

Aún así, algunos bloques de funciones tienen forma de rectángulo redondo y pueden admitir cadenas de formato adicionales. Estos bloques de funciones se pueden encontrar en la paleta de sensing o en la paleta del operador. La pregunta es: ¿qué sucederá si insertamos una cadena en lugar de un número en la ranura de parámetros?

Scratch está diseñado para intentar convertir automáticamente los tipos de datos si es necesario. Supongamos que el usuario ha introducido un número 120 en respuesta al comando "enter number". Esta entrada se guarda y una vez que se pasa al bloque "decir" Scratch automáticamente lo convierte en una cadena.

Comprender todos los tipos de datos que Scratch utiliza y las operaciones que pueden realizar son muy importantes para una mayor rotación, especialmente si está interesado en escribir aplicaciones más complicadas. Te ayudará a comprender cómo funciona todo y por qué funciona de esa manera. Las siguientes secciones están dedicadas a las variables y las formas en que puede almacenarlas o usarlas en sus proyectos.

Variables -introducción

Comenzaremos esta introducción directamente con un ejemplo. Tomaremos el conocido juego Whack-a-Mole e imaginamos que estamos tratando de crear software que lo haga funcionar. El concepto original del juego es aplastar los lunares con un mazo a medida que salen de los agujeros en el suelo. Así que tienes la superficie del suelo con agujeros, un mazo y lunares. Sin embargo, la versión que usaremos aquí es ligeramente diferente. Asumiremos que el jugador tiene que hacer clic en el sprite que aparece en las ubicaciones aleatorias en el panel del escenario. El sprite debe permanecer visible en breve y luego desaparecer sólo para volver a aparecer de nuevo en una ubicación diferente. El objetivo del juego es hacer clic en el sprite antes de que desaparezca y cada clic exitoso significa que anotó un punto. Ahora que tienes algunos conocimientos básicos de programación, la pregunta es, ¿cómo vas a hacer un seguimiento de la puntuación que un jugador logra? La respuesta es obvia: usarás variables. Esta sección está dedicada a las variables, que son uno de los elementos clave de cada lenguaje de programación. Exploraremos las formas de crear variables en cero y cómo pueden almacenar diferentes tipos de datos.

Definición de las variables

Una variable se define como un "área con nombre de la memoria de computador". Podemos decir que las variables son algo así como cuadros de datos que contienen diferentes tipos de datos como texto y números y que el programa puede evaluar todos esos datos cuando lo necesite.

Por ejemplo, podemos elegir una variable, la llamaremos 'lado" y asumiremos que su valor actual es 60. Tenga en cuenta que cada vez que crea una variable, un programa proporciona memoria para que el valor y el nombre de la variable que se almacena y la asigna. Una vez que cree una variable, puede usar el nombre que le dio para hacer referencia al valor particular que representa. Digamos que tenemos una caja (o una variable en este caso). Este cuadro tiene un nombre: usaremos "side" ya que ya nombramos la variable, y ese cuadro contiene un número 60. Con esta caja, podemos construir diferentes comandos. Uno de estos comandos puede ser mover 4* a un lado. Cuando activemos este comando, Scratch encontrará la casilla denominada "side" en su memoria, accederá a su contenido (número 60) y usará el contenido adquirido para reemplazar la etiqueta dentro del bloque "move _steps". El resultado de ejecutar este comando es un sprite que movió 60x4, que es 240 pasos.

Si tomamos el juego De Whack-a-Mola como ejemplo, puedes usar la variable para determinar la puntuación del jugador. Para ello, debe guardar una cantidad de espacio en la memoria del scratch y almacenar la partitura, y no olvide que es importante agregar un nombre funcional a la variable, en este caso que sería "puntuación". Este programa siempre sabrá dónde encontrar y cambiar el contenido dentro si es necesario. Al principio del juego, debes usar el comando "set score to 0" para hacer que Scratch busque la variable y le ponga sin valor. El siguiente paso es indicar a Scratch que "aumente la llana por 1" para que cada vez que el jugador detecte el sprite, el valor de la variable cambia y se almacena hasta que cambia de nuevo. Este cambio en los valores es la forma más sencilla de describir o definir la variable.

Las variables son muy importantes cuando se trata de la evaluación de expresiones algebraicas y el almacenamiento de sus resultados intermedios. Esta función de variables es muy similar a lo que conocemos como dong " matemática mental". Por ejemplo, supongamos que tiene que calcular el resultado de 3+4+5+7. Lo más fácil es añadir 3+4 primero, memorizar que el resultado es 7 y luego añadir el siguiente número, memorizar el resultado de nuevo y así sucesivamente hasta llegar al resultado final. Para mostrar el principio en el que funcionan las variables intentaremos escribir un programa que utilizará el almacenamiento de memoria temporal mientras calculamos la expresión: (1/5) + (5/7) / (7/8) –(2/3).

Hay una forma más de escribir este programa. Puede utilizar el numerador y el denominador y evaluarlos individualmente, luego utilizar el comando "decir" y mostrar el resultado de la división. O puede calcular el resultado en variables diferentes que va a nombrar num y den en el que num significa el numerador y la guarida significa el denominador.

Ahora puedes ver la disposición de estas variables en la memoria de Scratch. La variable num se parece a una etiqueta que hace referencia al resultado del cálculo de la primera parte de la expresión, por lo tanto (1 / 5 + 5 / 7), que se almacena. De la misma manera, den representa una variable que se refiere al resultado del cálculo de la otra parte de la expresión (7 / 8 – 2 / 3) mientras que la almacena en Scratch memoria. Cuando se activa el comando "decir", Scratch va al contenido de su memoria que se marca como num y luego y divide estos dos valores. El resultado final se muestra en la pantalla.

Esta expresión matemática podría dividirse en aún más fracciones; por lo tanto, podría utilizar más variables y todavía mostrar el mismo resultado. En el caso de que usemos más fracciones para calcular esta expresión podemos decir que ahora tenemos 4 variables que nombraremos a, b, c y d. Todas estas variables contienen un certificado una fracción de la expresión. Tenga en cuenta que el programa siempre dará los mismos resultados, pero se siguen diferentes caminos.

Esta sencilla tarea matemática demostró una vez más que independientemente de la complejidad siempre puede haber más de una solución al problema. Puede suceder que usted tenga preocupaciones sobre el tamaño o la velocidad de su programa, o simplemente puede pensar que su legibilidad no es tan buena como debería ser. Aún así, esta guía tiene un propósito introductorio por lo que todos los scripts y el contenido tienen que ser ajustado en consecuencia. Ahora que hemos discutido por qué las variables son útiles vamos a pasar a la siguiente sección.

Uso y creación de variables en Scratch

Mencionamos varias veces la importancia de las variables en cada programa. Ahora, vamos a hablar de ellos brevemente usando un simple intento de aplicación que debe simular dados rodantes y mostrar su suma.

El simulador de dados que vamos a utilizar en este ejemplo tiene tres sprites diferentes el jugador y dos dados. Nombraremos los sprites "player", "die1" y "die2" para una mejor comprensión. El papel del jugador es gestionar la simulación. Al presionar la bandera verde, el sprite del jugador debe generar dos números entre uno y seis y guardar estas variables nombrándolas "rand1" y "rand2" por ejemplo. El siguiente paso es transmitir un mensaje a los dos sprites restantes: dos dados (die1 y die2) que se supone que muestran valores que se generan aleatoriamente. Como puede sugerir, el primer dado die1 siempre mostrará valores aleatorios de rand1 mientras que el die2 mostrará los valores de la segunda variable rand2.

La siguiente fase es añadir el rand 1 y rand 2 a los jugadores sprite y mostrar su suma usando el comando "decir".

Si desea que la aplicación desde el principio abra un nuevo proyecto en Scratch ty abra el archivo denominado dicesimulator_nocode.sb2. El archivo que agregó no tiene scripts, pero tiene la imagen de fondo para el panel de escenario junto con todos los tres sprites que necesita en esta simulación. Ahora crearemos scripts que usted necesita. En primer lugar encontrar el sprite jugador, haga clic en su miniatura y seleccionarlo. Vaya a la paleta de datos y busque la opción " hacer una variable". El cuadro de diálogo aparecerá después de la opción seleccionada, por lo que debe introducir el nombre de la variable y determinar su ámbito. Las cope de una variable define qué sprites pueden ejecutar comandos "write to" o "change value off" hacia la variable. En este caso, escriba rand1 como el nombre de la primera variable y seleccione la opción "para todos los sprites" para el ámbito; cuando termine, haga clic en Aceptar para confirmar.

Una vez que cree una variable, la paleta de datos le ofrecerá algunos bloques nuevos que no aparecieron antes. Estos bloques se pueden utilizar para cambiar el valor en una cantidad fija o establecerlo en un valor específico, también se pueden utilizar para ocultar o mostrar el monitor de la variable v en el panel del escenario. Para crear la segunda variable hay que repetir el procedimiento y asignarle el nombre rand2. Con esto, debe tener otro bloque variable que se encuentra en la paleta de datos. Presionar las flechas hacia abajo le permitirá elegir entre la primera y la segunda variable. Ahora que tenemos estos dos códigos, tenemos que crear el script para el tercer sprite –jugador. El primer bloque de este script debe indicar a la variable rand1 que muestre

103

un número seleccionado aleatoriamente entre el número uno y el número seis. Volveremos a la analogía de la caja; el comando del jugador le dice al sprite que vaya a la caja etiquetada rand1 y coloque el número que se genera aleatoriamente dentro de él. Otro comando le dice a la segunda variable-rand2 que haga lo mismo y ponga un valor aleatorio entre uno y seis. Lo siguiente es transmitir el mensaje del jugador llamado "roll" a los otros sprites die1 y die2 para dejarlos ahora que necesitan cambiar al traje que rand1 y rand2 especificaron. Cuando los sprites terminan su trabajo, el script continúa y la suma de números que mostraron los dados aparece en la pantalla usando el bloque "say".

La siguiente parte del script que tendrá que hacer para esta simulación de juego es el mensaje "roll" que es transmitido por el controlador.

Después de que ustes termine con todos los scripts anteriores, usted debe arrastrar el bloque variable llamado rand1 de la categoría de datos y fijarlo a la ranura del parámetro del comando switch costumes para hacer el script completado. Este script contiene el comando repeat que cambia los trajes de dados al azar varias veces para que el espectador pueda obtener la ilusión de que los dados están rodando. El número de veces que cambiará el traje se puede editar y acelerará o ralentizará la rotación imaginaria dependiendo del número que desee. Lo siguiente es el número de traje especificado por la variable rand1.

Ten en cuenta que los dados deben tener seis trajes cada uno y que deben corresponder a los números entre uno y seis. Por lo tanto, si rand1 muestra el número 4 el comando de traje debe mostrar el traje con cuatro puntos en él. El guión para los segundos dados o die2 es casi idéntico que para los primeros dados. Y ya que el segundo dado se supone que responde a la segunda variable, la forma más fácil de configurar el código es duplicarlo de los primeros dados y simplemente reemplazar rand 1 con rand2 en los segundos dados. Con esto, usted ha completado el simulador de dados y se puede probar la versión completada de nuevo haciendo clic en la bandera verde y la observación de la simulación en acción para asegurarse de que cada cosa funciona.

Variables y sus ámbitos

Hay un concepto más relacionado con las variables a las que debe prestar atención. Como mencionamos anteriormente, el ámbito establece qué sprites pueden cambiar el valor de esa variable o escribir en esa variable. Se puede especificar el ámbito de la variable y puede crearla seleccionando una opción determinada. En el primer caso, puede elegir la opción "solo para este sprite", que creará variables que solo pueden ser cambiadas por el sprite que las posee. En este caso, todos los demás sprites pueden usar y leer el value deesa variable, pero no pueden escribir en ella.

Digamos que el clásico sprite de Scratch – el gato tiene una variable. Nombraremos este recuento de variables y asumiremos que el ámbito de la variable es "solo para este sprite". Si añadimos otro sprite, en forma de pinguino, por ejemplo, puede leer la variable count con su bloque posicionado X y usando la paleta de sensores. Una vez que establezca el sprite cat para que se convierta en el segundo parámetro de este bloque, el primer parámetro le permitirá decidir qué atributo debe tener su sprite en forma de gato, incluidas sus variables.

Aún así, Scratch no tiene un bloque que permita al otro sprite (penguin) realizar cambios en la variable count que colocamos al principio. Esto significa que el sprite de pinganillo no puede influir en el recuento; por lo tanto, no puede causar ningún efecto que no quisieras, especialmente cuando se trata de scripts que se ejecutan detrás del sprite cat. El uso de "solo para este sprite" es bueno parala práctica, especialmente porque solo se pueden actualizar d si el sprite que tiene este comando hace algo. Estos tipos de variables también se conocen como variables locales. La ventaja de las variables locales es el hecho de que muchos sprites pueden usar el mismo nombre para nombrarlos sin ningún conflicto. Por ejemplo, si quieres hacer un juego de carreras, tendrás dos sprites iniciales. Ambos sprites pueden tener su variable local que establece la velocidad de movimiento del coche en el panel del escenario, por ejemplo. Esto significa que cada sprite puede cambiar la variable de su velocidad de forma pendiente. Si estableces la velocidad de un coche en 15 y la velocidad del segundo sprite se establece en 20 por ejemplo, el segundo coche se moverá un poco más rápido.

Sin embargo, las variables con el ámbito que se establecen "para todos los sprites", se pueden utilizar, leer y modificar mediante cualquier sprite que aparezca en el proyecto. Estos tipos de variables se denominan variables globales y son especialmente útiles para la comunicación y sincronización entre los sprites.

Digamos que estás haciendo un juego que tiene tres botones y cada tonelada representa un nivel de juego. Puede crear una variable global y asignarle el nombre "nivel global" y establecer cada sprite en forma de botón para que tenga esta variable con un valor determinado cuando se haga clic en él. De esta manera es fácil para usted ver qué niveles de los usuarios prefieren. Una vez que se establece "para todos los sprites" ámbito de la nube casilla de verificación de la variable está disponible. Es una característica que le permite almacenar variables en el servidor de Scratch también conocido como la nube.

Los bloques que están conectados a las variables de este servidor tienen cuadrados pequeños en su frente para que pueda hacer una distinción entre ellos y todas las demás variables. Si tiene variables almacenadas en la nube o proyectos que compartió, cualquiera que vea los proyectos podrá ver todas las variables del proyecto. Por lo tanto, fo ejemplo, si comparte una aplicación de juego, las variables de nube se pueden utilizar para realizar un seguimiento delas puntuaciones más altas y más bajas entre los jugadores. Estas variables se actualizan al instante para todos aquellos que están interactuando con la aplicación y ya que están en el servidor de Scratch, permanecerán allí incluso si sale del programa. El uso más común de variables en la nube es la creación de encuestas y otros proyectos similares que necesitan almacenar grandes cantidades durante un período especificado.

Cambio de variables en Scratch

Dos bloques de comandos le permiten modificar variables. Hay un comando "set to" que asigna un nuevo valor directamente a la variable sin tener en cuenta su contenido en ese momento. El "change by" es el otro comando y se utiliza para alterar el valor de una variable sobre su valor en el empate, lo que significa que hay una cantidad especificada que se puede utilizar para su modificación. Puede utilizar muchas maneras diferentes de cambiar la variable y obtener el mismo resultado. Tomemos tres scripts para demostrar esto.

Todos estos scripts comienzan estableciendo valores para dos valores. Nombraremos estas variables sum y delta y las agregaremos 0 y 5 como valores. Ahora, el primer script usará el bloque change y alterará el valor de la suma por el valor delta. El segundo script utilizará "set command to" para agregar el valor de la suma al valor de delta y el tercer script tiene el mismo resultado utilizando la variable temporal. A continuación, agrega el valor sum al valor delta, guarda los resultados en la variable "temp" y finalmente copia ese valor en el valor de la suma. Al ejecutar cualquiera de estos tres scripts, cada suma tendrá el número 5 en ella, lo que hace que los tres scripts sean equivalentes. Tenga en cuenta que el método utilizado en el segundo script representa la práctica clásica en la programación para que pueda tomar tiempo y explorarlo más hasta que se sienta cómodo utilizándolo en algunos otros ejemplos también.

Variables en clones

Cada sprite tiene sus propiedades asociadas presentadas en una lista. Algunas de esas propiedades son su posición XY, la dirección del sprite y así sucesivamente. Estas listas son en realidad los valores actuales del atributo de cada sprite. Si crea una variable para el sprite determinado y establece el ámbito en "solo para este sprite", esa variable se convierte en un atributo de ese sprite. Cuando se clona el sprite, su clone hereda todos los atributos del sprite original, incluidas las variables.

El valor y las características de la variable son idénticos al valor del sprite maestro en el momento en que se realizó el clon. Aún así, los atributos de los clones cambia a lo largo del tiempo junto con sus variables. Esos cambios no tienen ninguna influencia en el sprite maestro. Y lo mismo ocurre con el otro lado, cualquier cambio posterior que le pueda suceder al sprite original no tiene ningún efecto en sus clones.

Para demostrarlo, supongamos que el sprite maestro posee una variable con un valor actual de 20. Vamos a nombrar esta variable "speed. Cuando se crea un clon, tendrá la misma variable, con el mismo nombre y con el mismo valor. Puede ir y cambiar el valor de la variable sprite del maestro de 20 a 30, pero el valor de velocidad del clon permanecerá 20. Este concepto puede ayudarle a marcar la diferencia entre los clones del proyecto.

Por ejemplo, podemos establecer el sprite maestro que tiene una variable maestra que nombraremos cloneID1. Al hacer clic en la marca verde, el bucle se inicia y crea clones de árbol del sprite maestro y establece sus nombres en cloneID2, cloneID3 y cloneID4. Cada clon tiene su propia copia de clone ID con valores diferentes. Ahora debe usar el block "if" para ver si cada ID realizará una acción correspondiente y luego probar y observar el comportamiento de los clones cuando interactúan con variables globales. Como recordatorio, vamos a decir una vez más que las variables globales son variables que tienen su scope establecido con "para todos los sprites" bloque que significa que cualquier sprite puede leer y cambiarlos. Lo mismo se aplica a los clones.

Como ejemplo de esto, usaremos el script para detectar cuando todos los clones del sprite maestro desaparecen. El script se basa en el sprite maestro que establece la variable global. Esta variable se denomina numclones y su valor es cinco, por lo que crea cinco clones. El script espera que la variable numclones se convierta en cero para que pueda anunciar el final del juego. Los clones aparecen en lugares y horas aleatorios diciendo "hola" durante tres segundos y luego desaparecen. Numclones valor disminuye cada tome que se elimina el clon; cada clon eliminado significa un punto menos que antes. Cuando todos los cinco clones desaparecen y el valor de numclones llega a cero, el script principal ya no espera y el sprite maestro declara que el juego ha terminado.

Obtención de la entrada de los usuarios en Scratch

La mejor manera de demostrar esta característica es asumir que desea crear un juego que le permitirá a niños aprender sobre los conceptos básicos de la aritmética. El juego debe tener sprites que muestren un problema a un niño y pidan introducir la respuesta correcta. La pregunta es ¿cómo puedes usar la entrada del reproductor y determinar si la respuesta es correcta o no? Luckily, Scratch tiene una paleta de sensación que tiene un bloque de comandos llamado "preguntar y esperar". Puede utilizar este bloque para leer las entradas de cada jugador. Este bloque utiliza un parámetro, que muestra una cadena en forma de la pregunta al usuario. Aún así, la ejecución de este comando tiene diferentes salidas, que dependen de la visibilidad del sprite : se puede ocultar o mostrar. Estas salidas aparecen Si el bloque "preguntar y esperar" es llamado por el script propiedad de la etapa en lugar de por el sprite concreto. Cuando se ejecuta el comando, el script, que llamó a la acción, espera a que el usuario presione enter o el cuadro de entrada y, a continuación, almacena la entrada como parte de un bloque de respuesta. La ejecución del comando continúa hasta que se inicia el comando block.

Variables de nomenclatura

A lo largo de las décadas, la gente siempre ha tenido sus propias ideas sobre cómo nombrar las variables en diferentes programas. Una de las convenciones que en realidad son bastante populares es que el nombre debe comenzar con la letra minúscula y usar letras mayúsculas para cada palabra adicional. Algunos ejemplos son lastName, sideHeigth, schoolRate, etc.

A diferencia de otros lenguajes de programación, Scratch le permite nombrar variables utilizando números, letras o eventos de los espacios en blanco al principio. Por ejemplo, puede utilizar nombres como 1234square o longitud lateral. Sin embargo, la forma más recomendada de nombrar variables en cada lenguaje de programación es asegurarse de que los nombres son significativos y que puede saber inmediatamente cuál es la función de la variable. Si tiende a usar el nombre de una letra puede ser confuso, especialmente si tiene varias variables con las que trabajar. Por el contrario, si usas los nombres que son demasiado largos puede hacer que el script sea más complicado. Tenga en cuenta que el Scratch distingue mayúsculas de minúsculas, por lo que si nombra las variables Name, nAme o namE, en Scratch estas serán tres variables diferentes.

Realización de operaciones aritméticas

Podemos demostrar esto mediante la creación de un script que le pedirá al usuario que introduzca dos números diferentes. El script calcula estos números y muestra el resultado en la burbuja de voz, utilizando el comando "say" habitual. Este script utiliza dos variables diferentes. Les nombraremos num1 y num2 y almacenan los valores numéricos que el uso introduce. Digamos que las entradas son los números 5 y 6, el ion de operación aritmética más simple e sagregarlos y luego mostrar el resultado. Puede hacer scripts que resuelvan problemas matemáticos complicados como ya hemos discutido al principio de la guía.

Conclusión

En esta guía, hemos tenido la oportunidad de discutir las hazañas más importantes de Scratch. Dado que esta guía está dedicada a aquellos que no son tan conocedores pero todavía interesados en la programación, tratamos de mantenerlo lo más simple posible. Sin embargo, queríamos darte tantos proyectos entretenidos que puedas intentar crear por tu cuenta como pudimos. Era importante familiarizarse con Scratch y con el entorno en el que se supone que debe trabajar. Además, explicamos todos los comandos básicos que ofrece Scratch y te hemos hablado a través de los diferentes tipos de juegos y animaciones para que puedas utilizar ese material para practicar.

Al final, dedicamos mucho tiempo a variables que son uno de los conceptos clave de la programación, y una vez que esta guía se vuelve menos de lo que quieres saber debes sentirte libre de usar todos los archivos y recursos adicionales que mencionamos, al menos cuando se trata de la versión del Scratch que usamos en esta guía

Convertirse en un programador significa que tendrá que invertir tiempo y paciencia, sin embargo, Scratch le permite explorar, jugar y experimentar sin prestar tanta atención a los códigos. El diseño de Scratch lo hizo fácil de usar y cada persona en el mundo puede usarlo independientemente de sus conocimientos de ciencias de la computación. Ten en cuenta que no usamos la versión más reciente de Scratch pero que todos tienen el mismo concepto, por lo que encontrarás fácilmente tu camino en cada interfaz de Scratch que uses.

Scratch es fácil cuando se trata de compartir su trabajo y colaborar con personas de todo el mundo también. Es muy recomendable que utilice todas las características que Ofrece Scratch y para conectarse con otros. Aunque no es necesario tener una cuenta de Scratch debes hacer una o al menos cómo hacerla y cómo usar mochilas de Scratch y usarla para scripts y sprites que tú u otros crearon. También hay opciones divertidas adicionales como remezclar proyectos de otras personas y poder publicar tu propia creación con la comunidad mundial de Scratch.

Como dijimos, la cuenta de Scratch no es obligatoria; como sea, es beneficioso en muchos sentidos. Le proporciona opciones como compartir proyectos en línea o comunicarse directamente con otras personas. La forma más fácil de obtener una cuenta es visitar http://scratch.mit.edu/,que se llama el sitio web oficial de Scratch. Encontrará un botón "Unirse a Rasguño" en la parte superior del monitor, siga las instrucciones como agregar su nombre y su contraseña, y cuando se apruebe el account- ya está listo para ir.

Cuando se trata de programar en Scratch, los miembros que han iniciado sesión tienen opciones de crear un proyecto limpio, remezclar uno o más proyectos que otras personas compartieron en el sitio web de Scratch o simplemente utilizar uno de los proyectos antiguos que están allí y modificarlo a su propia preferencia. Puedes experimentar tanto como quieras, que es la parte más entretenida.

Ya hemos mencionado una nueva opción de proyecto, por lo que es muy sencillo, se encuentra la opción "crear" y luego se abrirá el editor de proyectos que se construye' en Scratch. La interfaz del editor de pintura para los miembros registrados y no registrados es más o menos la misma; aún así, ¡hay pocas opciones adicionales cuando eres miembro de la comunidad de Scratch! Por ejemplo, cuando haya iniciado sesión, puede ver el panel de la mochila y dos botones que no estaban antes, el primero en ver la página del proyecto y el otro en compartirlo. Además, tendrá un nombre de usuario que eligió y un icono en forma de maleta que aparecerá en el borde de la barra de herramientas. El menú Archivo también tendrá algunas opciones nuevas.

Otra ventaja de convertirse en miembro de la comunidad de Scratch es que sea lo que sea que programe usando su cuenta, se guarda automáticamente en el servidor o la nube de Scratch como lo llamamos antes. todavía es siempre más útil hacer clic en la opción "guardar" antes de cerrar Scratch- por si acaso.

Una de las características más entretenidas de la versión online de Scratch se está permite remezclar otros proyectos. La idea es simple, simplemente haz clic en el boton llamado "remix" y comienza a juntar las cosas que te gustan. Siempre puedes ir y hacer clic en "ver el árbol de remezclas en el proyecto" para ver el progreso de tu remezcla y cómo evolucionó desde que empezaste a editar. Y no te preocupes si otras personas usan tus proyectos en sus remixes, una vez que se comparten las remezclas terminadas, los creadores originales del proyecto siempre reciben un nombre en Scratch junto con el enlace al proyecto original.

www.ingramcontent.com/pod-product-compliance
Lightning Source LLC
Chambersburg PA
CBHW071549080326
40690CB00056B/1612